MW00883374

MUJER

CICLO VITAL Y AUTOCUIDADO

MARÍA ELENA FALCÓN

RESEÑA DE LA AUTORA

Maria Elena Falcón Valenzuela, nació en Parral el 25 de julio de 1960. Estudió Obstetricia y Puericultura en la Universidad de Concepción, del cual egresó en 1982.

En 1992 inició su formación en los aspectos psicosociales de la Atención Primaria en Salud (APS) y posteriormente ingresó al Programa de Magister en Salud Familiar de la Universidad de Concepción, egresando el año 1998.

Los ejes desarrollados en esta formación fueron: Persona, salud y familia, desde una visión integral.

El 2001 realizó una Pasantía en Salud Familiar en la Universidad de Arizona, EEUU.

Ha participado realizando capacitaciones a equipos de Atención Primaria en Salud (APS) en temáticas de SALUD FAMILIAR en Institutos, Universidades y a equipos de diferentes comunas del país. Hoy está dedicada a entregar asesoría y a la atención clínica de mujeres y sus familias con el enfoque de Salud familiar, a través de diferentes actividades que incluyen todo el ciclo vital.

Dedicatoria

Dedico este libro a dos mujeres que han sido fundamentales en mi vida, a mi madre Juanita y a mi madrina Marta; también a mi padre Valentín (QEPD) y padrino Nelson.

Gracias a ustedes por entregarme valores como el amor, la constancia, perseverancia, la fe, entre otros, que me han permitido superarme, ayudar a otros y construir la felicidad día a día.

INDICE

INTRODUCCIÓN

Mujer Ciclo Vital y Autocuidado, nace como una expresión de alegría de querer contar a los demás el quehacer de mi trabajo como Matrona. Disfruto en la atención que realizo a mis pacientes, explicándoles, acogiéndolas, apoyándolas en diferentes etapas de sus vidas.

Cada persona vive la sexualidad a su manera y tiene un estilo de vida que generalmente hereda de su familia de origen; ambos aspectos pueden conducir a tener una vida más o menos saludable.

A veces cometemos errores por falta de información o porque no tuvimos el apoyo adecuado o porque no tenemos el valor de cambiar.

Este libro pretende ser una guía que sirva de apoyo a las personas y familias en diferentes etapas de su ciclo vital, aquí encontrará un capítulo para usted si es adolescente, si está en etapa de tener y criar hijos, si está en edad del climaterio. Esta puede ser una edad complicada y tal vez es recomendable que las parejas o los hijos lean este capítulo, para que comprendan el cambio que vive la mujer y sepan cómo pueden ayudarla.

También hablamos de algunas enfermedades como el cáncer, diabetes mellitus, hipertensión arterial e infecciones de transmisión sexual.

GLOSARIO

APS: Atención Primaria en Salud

BCG: Bacillus Calmette Guerin (Vacuna contra la tuberculosis)

CACU: Cáncer Cérvico Uterino

FSH: Hormona Folículo Estimulante

GES: Garantías Explícitas en Salud

HDL: Lipoproteínas de Alta Densidad o colesterol bueno.

ITS: Infecciones de Transmisión Sexual

LDL: Lipoproteínas de baja densidad o colesterol malo

MAE: Método Anticonceptivo de Emergencia

MELA: Método de Amenorrea por Lactancia Materna

OMS: Organización Mundial de la Salud

OPS: Organización Panamericana de la salud

PAP: Papanicolaou

PNI: Programa Nacional de Inmunizaciones

PKU: Prueba de detección de Fenilcetonuria en los Recién Nacidos

RN: Recién Nacido

RPR: Examen de Reagina Plasmática Rápida. Sirve para pesquisar sífilis

SIDA: Síndrome de Inmunodeficiencia Adquirida

VDRL: Examen para detectar Sífilis

VHB: Virus Hepatitis B

VIH: Virus de la Inmunodeficiencia Humana

VPH: Virus del Papiloma Humano

CAPITULO 1

Hablemos del control Preconcepcional

¿Qué es el Control Preconcepcional?

El control preconcepcional es una actividad en la cual la mujer o la pareja plantean a su matrona, matrón o médico el deseo de embarazarse y se realiza un diagnóstico de su estado de salud actual a través de examen físico y de laboratorio con el objeto de pesquisar alteraciones y corregirlas antes de embarazarse.

Cabe señalar que la mujer aporta el 50% de los genes y el hombre el otro 50%, esto implica que la responsabilidad es compartida y ambos deben participar de esta preparación.

¿Para qué sirve el control preconcepcional?

Cuando pensamos en tener un hijo, todos queremos tener un hijo sano. El resultado no se puede garantizar, pero por lo menos tenemos que hacer lo posible para que así sea, porque hay factores que no son controlables como las enfermedades que son hereditarias, pero hay muchas enfermedades que se podrían prevenir o controlar. Lo óptimo es embarazarse en las mejores condiciones de salud física, mental, social y espiritual, para tener un hijo que sea deseado, querido y contar con la capacidad para cuidarlo y disfrutar de una vida juntos.

El Control Preconcepcional sirve para corregir las alteraciones que se pesquisan en el examen físico o de laboratorio. Las alteraciones más frecuentes son: obesidad, hipertensión, diabetes, anemia, infección urinaria, hipotiroidismo, entre otras. Es importante que la mujer tenga su examen de PAPANICOLAU o citología al día y una ecografía ginecológica.

¿Hasta cuándo usar un método anticonceptivo?

Mínimo 3 meses desde el inicio del control preconcepcional, si los exámenes son normales o hasta lograr la compensación de sus enfermedades si éstas son crónicas como la diabetes, hipertensión, hipotiroidismo, entre otras.

¿Cuáles son las recomendaciones para un estilo de vida preconcepcional?

La mujer y el hombre que desean concebir un hijo deben prepararse para que las células germinales o espermios que se van a formar en caso del hombre y los óvulos en caso de la mujer, sean células sanas y para ello se necesitan a lo menos 3 meses con los siguientes cuidados:

1.- Evitar el consumo de tabaco, alcohol y drogas.

2.- Si tienes alguna enfermedad de base que requiera tomar medicamentos y estás en plan de embarazarte, consulta con tu médico, matrona o químico farmacéutico, si existe algún riesgo de producir daño, como malformación congénita o aborto con los medicamentos que estás tomando.

3.- Evitar la manipulación o inhalación de sustancias que son teratogénicas, es decir, que pueden producir malformaciones congénitas. Cuidado con todas las sustancias utilizadas para fumigar plantas o plagas. Si es muy necesario hacerlo, use protección en manos, cara y cuerpo y lave bien sus manos con abundante agua y jabón después de hacerlo.

4.- Tomar suplementos de vitaminas y minerales lo más completo posible, ya que la alimentación común tiene deficiencias generales de vitaminas, minerales, proteínas y ácidos grasos, como el omega 3. El suplemento más básico es el ácido fólico de 1 mg y si hay antecedente de aborto o malformaciones congénitas debe tomar de 5 mg. Se ha demostrado que las deficiencias de ácido fólico se relacionan con malformaciones congénitas como el labio leporino, entre otros.

5.- Alimentación saludable y de acuerdo al estado nutricional: En general, mantener una alimentación rica en vegetales, legumbres, pescado, lácteos, fibra, agua y evitar el exceso de sal, azúcar, grasas, ya que aumentan el peso y la grasa corporal.

6.- Actividad física: Sirve para tonificar tu musculatura, quemar el exceso de grasa corporal, cuidar la salud mental y controlar el estrés.

7.- Higiene del sueño: Descansar y dormir bien, alrededor de 7 a 8 horas, para que el organismo repare sus tejidos, descanse y se relaje.

CAPITULO 2

El embarazo: Una experiencia inolvidable

La noticia de un embarazo puede ser un motivo que alegra y en otros casos puede ser causa de conflicto con la maternidad.

¿Cuándo sospechar que estoy embarazada?

1.- Hay mujeres que tienen sus reglas regulares, es decir, les llega periódicamente en un plazo entre los 21 y 35 días, generalmente cada 28 a 30 días. Si ha tenido relaciones sexuales o contacto genital sin penetración sin estar usando un método anticonceptivo y no ha presentado sangrado menstrual cuando correspondía, debe sospechar que está embarazada.

2.- Se debe sospechar embarazo en personas que usan pastillas (anticonceptivos orales), si durante el ciclo se olvidó de tomar 1 o más tabletas, o si se retrasó en más de 3 horas en tomarse la tableta si es de progesterona sola, si usó antibióticos, tuvo diarreas o vómitos y no usó preservativos en las relaciones sexuales durante ese periodo hasta finalizar el sobre. Esto ocurre porque en estos 4 casos baja el nivel de hormonas disponibles en la sangre para lograr el efecto de impedir la ovulación o las modificaciones esperadas por el método. En estos casos puede haber un pequeño sangrado intermenstrual y falta de regla cuando corresponde o presentar un sangrado escaso que no corresponde a una menstruación normal, sino a la implantación del huevo en el útero.

3.- Al realizar cambio de métodos anticonceptivos se recomienda abstinencia o usar preservativos por lo menos una semana, ya que cambia el mecanismo de acción y el organismo se debe adaptar al nuevo método. Si no toma esta precaución el método podría fallar.

4.- En caso de violación en una niña con desarrollo puberal (Botón mamario, vello púbico), aunque nunca haya tenido menstruación.

5.- Las mujeres que son de ciclos irregulares, tienen vida sexual activa y no están usando un método anticonceptivo. En estos casos se recomienda hacer test de embarazos cada cierto tiempo para pesquisar oportunamente un embarazo.

6.- Se debe sospechar embarazo, además, cuando la mujer presenta síntomas neurovegetativos, tales como náuseas, mareos, vómitos, somnolencia, dolor de cabeza, dolor de mamas, acompañados de ausencia de regla o si ésta es más escasa que lo habitual.

¿Cómo confirmar el diagnóstico?

1.- La forma más fácil y rápida de saber si hay embarazo es realizando una prueba de embarazo (test de embarazo), con 2 a 3 gotas de orina cuando tenga entre 1 y 10 días de atraso menstrual si es de ciclos regulares y si es de ciclos irregulares, puede realizarlo cada 1 a 3 meses.

2.- También hay un examen de sangre que mide la hormona gonadotrofina coriónica y que puede pesquisar el embarazo con menos días de atraso de la menstruación.

3.- Si estos medios no están disponibles, en la consulta profesional con una matrona, matrón o ginecólogo se puede realizar un examen ginecológico y palpar las modificaciones del útero y escuchar los latidos cardíacos del feto.

4.- A través de ecografía, se puede realizar el seguimiento desde el atraso menstrual. Cuando tenga 3 a 4 semanas de atraso es posible que el embrión ya tenga latidos. Esto confirma un embarazo con vitalidad fetal y además su ubicación en el útero o fuera de él.

¿Qué hacer si estoy embarazada?

Si es un embarazo esperado, será motivo de alegría para la mujer, su pareja y familiares e iniciarán precozmente los controles prenatales.

Si es un embarazo inesperado, generalmente la mujer se reserva la noticia mientras piensa cómo lo va a enfrentar, cómo decirle a la pareja, a la familia y amistades. Generalmente son dramáticos los 3 primeros meses mientras se asimila la situación por la propia embarazada y les va informando gradualmente a su círculo más cercano y luego a los demás, hasta que es socializado con todos.

Los casos más críticos llegan al final del embarazo, al servicio de urgencia con dolores y se descubre aquí un embarazo oculto.

¿Qué importancia tiene el control prenatal precoz?

El primer control idealmente debe ser precoz, antes de las 10 semanas, sobre todo si no estuvo en control preconcepcional, ya que se recomienda tomar ácido fólico para prevenir malformaciones congénitas del tubo neural hasta el tercer mes y tomar una serie de exámenes para pesquisar diferentes alteraciones e infecciones que pueden poner en riesgo la salud de la madre y/o la del feto, tales como: Hipertensión, diabetes, problemas tiroideos, anemia, infección urinaria. La pesquisa de enfermedades infecciosas como sífilis, virus del VIH, chagas, hepatitis, debe ser precoz y si está presente la infección, debe tratarse lo antes posible para evitar malformaciones congénitas, abortos o partos prematuros. La mayoría de estos exámenes se repiten 3 veces durante el embarazo, ya que cualquier alteración debe ser corregida en forma oportuna.

Además, en el control es importante evaluar el estado nutricional, dental, emocional de la embarazada, el apoyo de la pareja y familia, la situación socioeconómica.

También se evalúan los antecedentes de riesgo para el embarazo y que requieren control en policlínico de especialidades, además del control en Atención Primaria, por ejemplo, si tiene antecedentes de haber tenido partos prematuros, diabetes, hijos con bajo peso al nacer (menos de 2500 gramos), entre otros.

En Chile, se sugiere realizar 3 a 4 ecografías durante el embarazo según disponibilidad de recursos y los exámenes se realizan 3 veces: Al ingreso, a las 24 a 28 semanas y a las 34 a 35 semanas.

La ecografía es una tecnología que ha permitido mejorar la calidad del control prenatal, ya que permite hacer diagnósticos para precisar la edad de embarazo, pesquisa malformaciones congéni**tas y anticiparse en su tratamiento, diagnosticar el sexo fetal, el estado de la placenta, líquido amniótico y estado del feto.

Existe la ecografía tridimensional (3D) que permite ver al feto en 3 dimensiones, a diferencia de la común que tiene 2 dimensiones. Si la mujer tiene la opción de realizarse una ecografía 3D, es aconsejable realizarla alrededor de las 26 semanas de gestación, para obtener un estudio completo de la anatomía fetal, además de la placenta, líquido amniótico y flujo sanguíneo.

Los controles de embarazo al inicio son una vez al mes, después de los 7 meses son más frecuentes y desde la semana 36 se realizan semanalmente.

Con toda esta rigurosidad de los controles, se ha logrado disminuir la mortalidad de mujeres y niños a causa de los embarazos y partos.

En los controles se promueve la participación de la pareja o de un familiar, que apoye y acompañe a la embarazada en este proceso.

Algo que emociona a los futuros padres es cuando escuchan los latidos del corazón de su hijo(a) a través del monitor de latidos cardiacos fetales. A veces hasta lloran de alegría, los graban para compartirlo con su familia o amistades.

¿Cuándo es urgente consultar?

La embarazada debe consultar en un servicio de urgencia en caso de sangrados, dolores fuertes y frecuentes en zona del abdomen y/o del sacro, pérdida de líquido por la vagina con olor a agua con cloro, dolores de cabeza fuertes, cuando los movimientos fetales disminuyen o no lo siente.

Los movimientos fetales se perciben alrededor de las 20 semanas y cuando es primer embarazo alrededor de las 22 semanas.

Consultar frente a cualquier dolor o síntoma extraño.

Cualquiera de estos síntomas podría conducir a un aborto o a un parto prematuro si no se consulta oportunamente.

¿Cómo prepararse para el parto?

Además de los controles, exámenes y ecografías es importante asistir a talleres o sesiones educativas para contar con la información necesaria que le permita vivir adecuadamente el proceso de espera y nacimiento, prepararse física y psicológicamente para un parto normal y una lactancia exitosa.

En Chile, al ingreso a control de embarazo se entrega una Guía "Empezando a Crecer", a todas las embarazadas que se controlan en el servicio público, la cual contiene importante y completa información del desarrollo fetal mes a mes, y de la preparación de la embarazada para el parto, lactancia y otros temas.

Se espera que el parto ocurra entre las 38 y 41 semanas de gestación. La fecha probable de parto que se indica al ingreso a control de embarazo es al cumplir las 40 semanas, pero el parto se puede adelantar o atrasar en relación a esta fecha. A esta edad de embarazo el feto ya ha adquirido la madurez necesaria para vivir fuera del útero materno: Tiene los reflejos para succionar y alimentarse, respirar, responde a estímulos, ha logrado la madurez de su piel y órganos internos.

Se recomienda preparar el bolso para la maternidad alrededor del séptimo mes, porque a veces pueden ocurrir emergencias que impliquen hospitalización y parto prematuro.

Qué es lo básico: Unas 3 mudas para el bebé, 1 paquete de pañales, manta o algo para envolverlo según el clima y para la madre unas 3 camisas de dormir, bata, pantuflas, toallas higiénicas grandes y sus útiles personales. Comprar alcohol 70 grados y algodón para limpiar el cordón.

¿Qué es el trabajo de parto?

El primer periodo del parto se denomina **pródromos de parto**, ocurre alrededor de las 36 semanas cuando se inician las primeras contracciones uterinas, las que son aisladas, no dolorosas y ayudan a acomodar el feto en la pelvis. Generalmente con estas contracciones se logran algunas modificaciones del cuello uterino y puede empezar la pérdida del tapón de moco que se forma durante el embarazo y protege al feto de infecciones. Esta fase dura alrededor de 2 semanas.

Trabajo de parto es el segundo periodo del parto, en el cual el útero, a través de las contracciones uterinas, realiza el trabajo para que el cuello uterino se abra y permita la salida del feto. El cuello que normalmente mide alrededor de 4 cm se acorta a cero, esto se conoce con el nombre de borramiento y el cuello pasa de estar cerrado a abrirse alrededor de 10 cm, esto es la dilatación. Este proceso, cuando es primer trabajo de parto se demora entre 12 y 18 horas y es más corto en la medida que se han tenido más hijos.

El trabajo de parto se inicia cuando las contracciones uterinas son cada 5 minutos y se mantiene así por más de una hora.

La intensidad del dolor es variable, hay mujeres que tiene el umbral del dolor alto y las contracciones uterinas no le duelen o muy poco, pero la mayoría sienten dolor de mediana o alta intensidad. Es importante ayudarse con la respiración jadeante mientras dura la contracción. También está la posibilidad de analgesia o anestesia epidural, la que debe ser evaluada por el médico anestesista, el obstetra y la matrona tratante, de acuerdo a la intensidad del dolor, los riesgos maternos y fetales.

Cuando se logra la dilatación completa, viene el **periodo expulsivo** y la mujer siente deseos de pujar. Si esto ocurre se debe avisar de inmediato a la matrona o médico para prepararla y asistir el parto.

En algunos casos que no se haya usado anestesia, en el trabajo de parto se podría usar anestesia local, si se realiza episiotomía (corte dirigido para ampliar la vagina y facilitar la salida del feto).

El **alumbramiento** es el cuarto periodo del proceso del parto y corresponde a la salida de la placenta y membranas ovulares. Esto ocurre entre 15 a 30 minutos después del nacimiento del bebé. Es importante revisar que esté completa la placenta, cordón y membranas.

CAPITULO 3

El Nacimiento: Somos seres humanos únicos

El nacimiento es una experiencia única, es el encuentro cara a cara del recién nacido con sus padres, después de nueve meses en los cuales la comunicación era a través de las delgadas paredes del abdomen y útero materno; después de tormentosos apretones por las contracciones llega el momento en que se asoma su cabeza, carita y cuerpo, aún unidos a su madre por el cordón umbilical, el cual es cortado y separado de su madre. Ahora ya debe entrenar sus propios pulmones y respirar por sí solo.

Cada persona tiene su día y hora de nacer que los hace únicos y ojalá puedan ser acogidos y consolados por los brazos y voces amorosas de sus padres.

Primera evaluación: El APGAR.

Apenas nace al recién nacido se realiza la primera evaluación al minuto y a los 5 minutos a través del APGAR, el que evalúa 5 parámetros, que determinan si el bebé nace en buenas condiciones o con asfixia leve, moderada o severa. Los aspectos que evalúa son: Tono muscular, esfuerzo respiratorio, frecuencia cardiaca, respuesta a estímulo y color de la piel. Es importante que el recién nacido llore al nacer para activar sus pulmones y empezar a oxigenarse por sí solo.

Todos quisiéramos que nuestros hijos y nietos nazcan sanos, con un llanto vigoroso y una piel rosada y disfrutar de su llegada.

De acuerdo al APGAR se evalúa si el recién nacido está bien, requiere solo estimulación o algo de oxígeno y se queda con sus padres para el apego, pero si no se recupera pronto, tendrá que pasar a sala de reanimación, ya que una asfixia prolongada puede producir daño irreversible. Nacer con asfixia y tener dificultad para respirar es una situación de emergencia en la cual lo más importante es que el bebé pueda respirar o recibir oxígeno y mantener la función de sus órganos vitales y en este caso será secundario el encuentro con los padres. Aquí lo atenderá un equipo de profesionales y técnicos que cuentan con el equipamiento adecuado para realizar estos procedimientos.

Cuando el parto ocurre en un hospital o en una clínica, hay dos equipos, uno para atender a la madre y otro para atender al recién nacido.

El proceso del parto, del nacimiento y los primeros días post parto, son de alerta, porque en cualquier momento puede ocurrir algo que se salga de control y requiera una intervención de emergencia. Por ello es importante la preparación tanto del equipo profesional como de la embarazada y su pareja, para darse cuenta de cuándo pedir ayuda y cómo hacerlo. Esto está en el contexto de una paternidad responsable, padres que se informan acerca de lo que están viviendo, para asumir con responsabilidad esta gran tarea, que sin duda es el proyecto más importante de sus vidas.

El apego

Es un momento de encuentro íntimo del recién nacido con su madre y su padre, en el cual se reconocen por la voz. Es importante que los padres puedan expresar todas sus emociones en este momento especial, que los une y hace historia. El apego son 30 minutos de transición, para que el bebé recién nacido se adapte a este nuevo ambiente y le ayude de pasar de estar en el útero materno, acostumbrado a su calor, color, olor y a escuchar los ruidos del corazón y órganos maternos, al medio externo donde hay luces y ruidos molestos que lo estresan. Por ello, poder estar cerca del corazón materno y escuchar la voz de su madre, padre o persona conocida, lo va a tranquilizar y ayudar a que esta transición sea gradual. Además de entrenar su capacidad de respirar también es importante en el apego que succione el pecho materno e ingiera el calostro, su primer alimento.

Segunda evaluación

Luego de media hora de apego, el recién nacido es separado de sus padres para iniciar las rutinas de esta vida y saber cuánto pesó, midió al nacer, colocarle sus vacunas y tomarles sus exámenes de rutina. En este periodo le colocan la vacuna contra la tuberculosis (BCG) y contra el virus de la hepatitis B.

Se toman exámenes para descartar enfermedades tales como:

- El hipotiroidismo congénito, que produce retardo mental si no se pesquisa y trata oportunamente.
- Examen auditivo de ambos oídos, para pesquisar la sordera congénita e iniciar precozmente el control y estimulación.
- Fenilcetonuria (PKU), es una enfermedad congénita en la cual el organismo no puede procesar un aminoácido llamado fenilalanina que está en los alimentos que contienen proteínas y si es consumido produce retardo mental.
- Sífilis congénita, que es una enfermedad de transmisión sexual y que la madre puede transmitir al feto y provocar malformaciones y otros trastornos.
- Otros exámenes según sea cada caso, ya sea por el historial de la madre o las condiciones del recién nacido, ej: test de drogas, examen de glicemia, etc.

¿Cuáles son las formas de nacer?

En general hay 3 formas de nacer: Parto vaginal, cesárea o fórceps.

Parto vaginal: Es la vía fisiológica o normal para el nacimiento cuando el feto está en posición cefálica, es decir con la cabeza hacia abajo.

Parto por cesárea programada: Se programa una cesárea cuando:

- El feto no está en posición de cabeza. Esto es si el feto está en podálica, es decir, con las nalgas hacia abajo, atravesado o en posición oblicua.
- Si el feto es muy grande o la embarazada de talla baja y se estima que existe una desproporción entre la cabeza fetal y la pelvis materna.
- Si tiene antecedente de cesárea anterior (según evaluación médica).
- Si existe alguna condición materna que esté contraindicado el esfuerzo materno, por ejemplo: cardiopatías.

Parto por cesárea de urgencia

Es la interrupción abrupta del embarazo cuando está en riesgo la vida de la madre o del feto, por ejemplo, si se desprende la placenta o si se detecta una asfixia fetal. En estos casos se activan los protocolos de emergencias y todo es muy rápido para salvar la vida de la madre y del bebé, entregar los primeros auxilios y estabilizar los parámetros alterados.

Parto por FÓRCEPS

Es la extracción de la cabeza fetal ayudada por una especie de tenazas, cuando el feto está en periodo expulsivo y no puede salir solo con el esfuerzo del pujo materno y hay serio riesgo de asfixia. También se aplica cuando hay una cesárea anterior y se decide parto vaginal. Esto se hace para evitar ruptura uterina dada la tensión que genera la contracción uterina y el pujo materno.

¿Qué pasa con la madre después del parto o nacimiento?

El equipo que atiende a la madre ya sea matrona, matrón u obstetra, después de cortar el cordón umbilical (el cual puede cortar el padre del bebe o el profesional), se queda atendiendo a la mujer, revisan los genitales, para verificar si hubo desgarros, en caso de que no se haya realizado episiotomía (corte para ampliar la salida de la cabeza fetal). Se debe esperar la salida de la placenta, es lo que se llama alumbramiento y se demora alrededor de 15 a 30 minutos en desprenderse y ser expulsada al exterior. La placenta, membranas ovulares y cordón umbilical, deben ser revisadas cuidadosamente, para que estén completos, ya que no deben quedar restos en el útero materno porque puede ser causa de infecciones o hemorragias posteriores.

Se deben suturar los desgarros y/o episiotomía, realizar una buena limpieza y dejar en observación al menos 2 horas, monitoreando el sangrado y signos vitales.

Una vez que sale la placenta el útero se contrae fuertemente para evitar hemorragia y se puede palpar sobre el pubis como una masa redondeada y dura, eso es lo normal. Si el útero se relaja puede ocurrir una hemorragia; el masaje uterino ayuda a mantenerlo contraído.

Después de las 2 horas post parto si todo está bien se trasladará a la sala de puerperio, donde podrán estar con su bebé 1 a 2 días hasta el alta médica.

Puerperio es el periodo después del parto en el cual ocurre la involución uterina hasta lograr el tamaño que tenía antes del embarazo. Esto se logra alrededor de los 40 días post parto.

¿Cuál es el rol del padre en el nacimiento?

El padre es un apoyo muy importante durante todo el proceso del embarazo, parto y crianza de los hijos. Es importante que se prepare para que aprenda cómo participar. Lo puede hacer acompañando a la embarazada a los controles, talleres o estudiando por su cuenta, revisando videos que muestran a embarazadas con trabajo de parto y parto, para que sepan que es un proceso difícil, y deben saber cómo entregar apoyo.

Cuando ocurre el parto la idea es que el padre esté de frente a la cara de la embarazada y apoyarla para que puje correctamente y respire cuando corresponda.

La falta de preparación puede hacer que el padre se desmaye o no sea un real apoyo. La idea es que se prepare y participe activamente del parto, nacimiento y apego del que será su hijo o hija para siempre y será testigo de lo que pase en el momento de su llegada a este mundo.

CAPITULO 4

Control del binomio

¿Qué es el binomio?

Le denominamos binomio al conjunto madre e hijo, ya que son dos personas interdependientes que van evolucionando juntas en una serie de cambios que se producen en el primer mes de vida y que es necesario evaluar para corregir los aspectos en los cuales se pesquise algún problema.

Lo ideal es realizar el control del binomio entre los 7 a 10 días post parto, para detectar precozmente los problemas que puedan presentar en su evolución.

Se denomina puérpera a la mujer que ha tenido un aborto o un parto hasta los 40 días después del nacimiento.

En Chile, el servicio público, realiza este control dentro de las primeras 4 semanas de vida del recién nacido y de la mujer, por profesional matrona o matrón. En el área privada lo realizan 2 profesionales distintos: El control del recién nacido se realiza por pediatra y la puérpera es controlada por el médico ginecólogo(a).

Evolución esperada del recién nacido (RN) en el primer mes de vida

Evaluación del peso: Es normal que los RN bajen hasta un 10% de su peso de nacimiento los primeros días de vida, por el cambio de estar en un medio líquido en el útero, pérdida de deposiciones acumuladas en la vida intrauterina y ahora debe aprender a alimentarse. Se espera que a los 10 días de vida hayan recuperado su peso de nacimiento e incrementen diariamente entre 20 a 40 gramos. Un indicador indirecto de que la lactancia es suficiente es que el RN moje seis o más pañales al día con orina.

Color de la piel: Es normal que su piel esté algo amarilla (ictericia) y este color debe ir desapareciendo desde las extremidades inferiores hasta la cara; se demora 2 a 3 semanas en desaparecer. ¿Cuándo preocuparse? Si el color amarillo es muy intenso o generalizado que llegue hasta la planta de los pies. En este caso es necesario consultar para hacerle un examen de sangre para medir la bilirrubina y saber si está sobre lo normal para colocarlo en fototerapia u otro tratamiento según la gravedad.

Las posibles causas de una ictericia patológica podrían ser la incompatibilidad de grupo sanguíneo entre la madre y el niño, exceso de glóbulos rojos en el RN, los que se destruyen al nacer, alimentación deficiente, lo que hace que el RN elimine poca bilirrubina a través de la orina y deposiciones.

Cordón umbilical

El cordón se debe mantener limpio y seco fuera del pañal cubierto solo por ropa de algodón. Antes de limpiar el cordón se deben lavar bien las manos con agua y jabón.

Se puede usar alcohol de 70 grados, para limpiar tanto la base como el cordón, en cada muda.

Si el cordón está sano y las condiciones higiénicas son adecuadas se puede realizar aseo con agua en lo posible hervida, con una gasa con agua y jabón y luego enjuagar con otra gasa solo con agua y finalmente secar con una tercera gasa.

El cordón se cae generalmente alrededor de los 8 días, pero hay cordones que se caen antes y otros que pueden caerse hasta después de los 20 días.

Baño

Se realiza con agua tibia 2 a 3 veces por semana, aún con presencia del cordón, no es necesario usar jabón y si lo usa debe ser jabón neutro y sin aroma.

Sueño seguro

Debe dormir en habitación con los padres sobre colchón firme, posición de espalda, sin almohada, con los brazos descubiertos y sin gorro, para prevenir la muerte súbita.

Genitales

Limpiar con agua o aceite ya sea lavándolo o usando torulas de algodón. Si usa tollas húmedas, éstas deben ser en base a agua. Después de limpiar puede colocar vaselina o aceite para prevenir coceduras o irritación de la piel. En las niñas especial cuidado de limpiar de adelante hacia atrás para prevenir infección urinaria y que no queden deposiciones entre sus labios menores. Las niñas podrían presentar pérdida de mucosidad o sangre por su vagina, esto ocurre por la deprivación hormonal, ya que durante el embarazo pasaban hormonas de la madre al feto y después del parto esto ya no ocurre. Si esto pasa significa que la bebe tiene su útero y funciona, es decir, es normal y no tiene por qué preocuparse.

Mamas

También puede ocurrir por deprivación hormonal que las mamas de los RN hombres o mujeres, aumenten de volumen y tengan secreción láctea. Este líquido se reabsorbe en algunos días.

Deposiciones

Es normal que las primeras deposiciones (meconio) sean de color negruzco, son los residuos que se forman en el intestino durante la vida intrauterina. Con la alimentación y el pasar de los días irán cambiando de color y consistencia e incluso ser algo liquidas (diarrea de transición) para posteriormente adquirir el color amarillento pastoso producto de la alimentación con lactancia materna.

Reflejos

Se evalúa que los RN tengan sus reflejos normales, lo cual da cuenta de su integridad neurológica. Algunos reflejos son:

- Reflejo de búsqueda: al tocar su labio superior, el RN abre la boca y empieza a buscar.
- Reflejo de succión: al colocar algo en su boca lo succiona.
- Reflejo de deglución: le permite tragar el alimento.
- Otros reflejos para estimular al bebe y que esté despierto en el momento de alimentarse son: El reflejo de prensión palmar y plantar al tomar los dedos de sus manos y pies, reflejo de la marcha, espinal, entre otros, los cuales explicaremos en un apartado más adelante.

Estimulación

Los recién nacidos poseen todos los sentidos, los que utilizan para poder conectarse con las personas y el medio ambiente. Es necesario que reciban estimulación y contacto frecuente y oportuno. Para los bebés sus manos y pies les permiten conectarse e informarse del mundo exterior, por lo cual se debe favorecer la exploración sin calcetines ni guantes y usarlos solo cuando sea necesario. Esto ayudará al desarrollo neurológico y cognitivo del bebé.

Hasta los 9 meses la sensibilidad de los pies es el doble que la de las manos.

Otros aspectos

Además, se evalúan otros aspectos como la talla, circunferencia craneana, madurez de su piel y órganos en general, el vínculo con su madre, entre otros, considerando sus antecedentes. Se les entrega la orientación necesaria para estimular y continuar sus controles.

Evaluación de la madre

Se evalúa el estado general y apoyo que está recibiendo de su pareja y familia, además evaluar peso, presión arterial.

Examen de mamas: Revisar si hay heridas, producción láctea.

Involución uterina, eliminación de sangrado (loquios) y suturas, ya sea cesárea, episiotomía o desgarros.

Evaluación técnica de lactancia y si hay dificultad se deriva a clínica de lactancia.

Lactancia materna: Un alimento vital

La leche materna es el alimento ideal para el recién nacido y en lo posible amamantar hasta los dos años de edad.

En caso de partos prematuros, también la leche materna es la adecuada para el bebé prematuro.

Durante el embarazo la mama se prepara para amamantar y en algunos casos es posible que salga algo de secreción por los pezones.

En el embarazo y por acción de las hormonas la mama crece, está más sensible y la areola se coloca más oscura, lo ideal es usar un sostén más grande.

Al ocurrir el parto hay cambios hormonales que permitirán la bajada de la leche entre el tercer y quinto día post parto. Los primeros días sale un suero escaso llamado calostro, alto en proteínas y glóbulos blancos que traspasa la madre al hijo. Estas son células vivas, anticuerpos que sirven para defender al bebé de infecciones.

El calostro se produce en pequeñas cantidades, pero cubre las necesidades del recién nacido mientras que aprende a coordinar la succión, deglución y respiración.

La bajada de la leche qué ocurre entre el tercer y quinto día post parto, puede ir acompañada de un leve aumento de la temperatura corporal debido a los cambios hormonales.

Características de la leche materna

Es un alimento completo para el recién nacido y lactantes menores de 6 meses.

Contiene todo lo que ellos necesitan para crecer y desarrollarse sanos y no es necesario darles agua, jugo u otros alimentos.

Es normal que, con lactancia materna exclusiva a libre demanda, el bebé aumente de 20 a 40 gramos al día.

Antes de indicar alimentación con otras leches infantiles se debiera evaluar cómo mejorar la lactancia, ya que hay factores relativos al bebé, a la madre o a la técnica que son mejorables.

Con una buena técnica de lactancia se pueden prevenir heridas en los pezones, mastitis, entre otras complicaciones.

Consideraciones para amamantar al recién nacido

El recién nacido debe estar despierto, para ello se pueden estimular los reflejos de prensión colocando su dedo en la mano del bebé para que lo apriete, reflejo espinal se estimula la columna de abajo hacia arriba, reflejo de la marcha, se sujeta al RN en posición vertical y sus pies apoyados en una superficie dura, el bebé estira sus piernas y las mueve como si caminara, dará pasitos o levanta su pierna, reflejo de búsqueda al acariciar la mejilla gira la cabeza y comienza a hacer movimientos de succión con la boca. Si el bebé no está bien despierto, succionará un poco y se quedará dormido y despertará rápidamente para hacer lo mismo. Una buena mamada debería durar 2 a 3 horas, que es el tiempo que demora su estómago en vaciarse.

Se podría entender como buena mamada, cuando el bebé succiona activamente unos 15 minutos, realizando pausas cada 5 minutos aproximadamente para que descanse su mandíbula y eliminar gases, es decir en total unos 30 minutos.

La mamada se inicia de una mama hasta que quede vacía, ya que la última leche es más alta en grasa, así el bebe sube de peso y la madre baja de peso. Si aún queda con hambre se le coloca el otro lado. En la próxima mamada se empieza por la que no le dio la vez anterior o le dio solo un poco.

Preparación de la madre para amamantar

Tomar un vaso de agua o leche tibia antes y después de amamantar para asegurar tener suficiente líquido para la producción de leche, durante las 24 horas del día.

Lavarse las manos, uñas cortas, pelo amarrado si es largo.

Sentarse cómodamente con la espalda apoyada

Si los pies no quedan bien afirmados en el piso, utilice una banca para levantarlos unos 20 cm

Use el cojín de lactancia o una almohada para acercar el bebé al pecho y que sea más cómoda la posición.

También puede amamantar acostada de lado o sentada en la cama

Hay diferentes posiciones para amamantar, pero en todas es fundamental que el bebé se acople bien al pecho, para ello debe abrir grande la boca y colocar pezón y areola dentro de la boca del bebé y que éste realice un masaje con su lengua.

Para retirarlo del pecho introducir un dedo por la comisura bucal, cargar la encía inferior, el bebé abre la boca y suelta el pezón, de esta manera evitamos romper el pezón.

Una vez finalizado el acto de amamantar se deben revisar que ambas mamas se hayan vaciado, a lo menos una completamente, y no queden durezas o zonas enrojecidas ya que esto implica un riesgo de mastitis; la próxima vez se vaciará la otra mama.

¿Cuándo consultar?

En caso de dolor, enrojecimiento de las mamas, heridas en los pezones y cuando crees que el bebé queda con hambre. Hoy en Chile se realiza la consulta de lactancia materna para resolver estos problemas que son agudos y requieren ayuda profesional inmediata. Pregunta en tu centro de salud si se realiza este tipo de atención, ya que es importante que se mantenga la lactancia exclusiva hasta el mes 6 y con otros alimentos hasta los 2 años.

¿Sabías que la lactancia materna ayuda a prevenir el cáncer de mamas? Una razón más para cuidar la salud de la madre y del niño.

CAPITULO 5

¿Qué es la planificación familiar?

La prevención de embarazo ha sido tema en todas las épocas y civilizaciones, recurriendo a mecanismos naturales como la lactancia, el coito interruptus, entre otros, que no ofrecían gran eficacia anticonceptiva y esto se relacionaba con las familias numerosas, como la de nuestros abuelos y padres en las que era frecuente encontrar familias de 15, 12 o 10 hijos.

¿Cuántos hijos tuvo tu abuela?, ¿tu madre? y cuántos hijos tienes o deseas tener tú?

Las opciones de planificar sus familias seguramente fueron muy distintas a las que tenemos hoy en día, donde vemos como los métodos anticonceptivos impactaron en la vida de las personas, familias y de la sociedad. Hoy día en el mundo los métodos más utilizados son: la esterilización quirúrgica femenina, los dispositivos intrauterinos y los anticonceptivos orales combinados o pastillas.

El desarrollo tecnológico y la ciencia fueron descubriendo diferentes métodos anticonceptivos, los que se incorporaron al sistema público de salud en Chile en la década de 1960 y así también en muchos países en el mundo, permitiendo el acceso de la población a estos métodos en forma gratuita, y por lo tanto ayudar a las familias poder decidir el número de hijos que deseaban tener y cada cuanto tiempo, esto es lo que se conoce como **planificación familiar.**

Lo anterior implicó un cambio social favorable muy grande, ya que antes muchas mujeres morían porque se practicaban abortos clandestinos, como una forma de planificar sus familias, tenían sus partos en casa, donde también morían muchos bebes y madres a causa de hemorragias e infecciones, entre otras causas.

Afortunadamente el desarrollo tecnológico y de la ciencia a nivel mundial, han contribuido con el descubrimiento de diferentes métodos anticonceptivos, que los países han incorporado en sus políticas públicas como parte del desarrollo, permitiendo el acceso a métodos anticonceptivos que cada vez son más diversos, eficaces y seguros.

El desarrollo de la ciencia anticonceptiva ha estado muy centrado en la anticoncepción para la mujer, descuidando la investigación de métodos anticonceptivos para el género masculino.

Para facilitar la comprensión en el uso de los métodos anticonceptivos es importante manejar un conocimiento básico de la anatomía y fisiología del aparato reproductor femenino y masculino, por lo cual a continuación nos referiremos a este tema.

Conocimiento básico del sistema reproductor femenino

Antes de hablar de anticonceptivos, que veremos en el siguiente capítulo, es importante señalar que toda persona debería conocer su cuerpo, su sistema reproductor y saber cómo funciona. Este conocimiento lo debieran entregar los padres, jardines, colegios, universidades, centros de salud, además del interés personal de buscar información en esta área como parte del autocuidado.

Amamos lo que conocemos, por lo tanto, conocer nuestro cuerpo nos permitirá saber cómo funciona y aprender a cuidarlo. En este sentido me he dado cuenta que existe mucho desconocimiento, a veces a las pacientes, o usuarias del servicio público, les realizo la pregunta: cuántos orificios tenemos en la zona genital-anal y algunas no saben que tenemos 3 orificios. Al observar los genitales externos de la mujer observamos lo siguiente

Vulva: Se denomina así a los genitales externos de la mujer, en ella está la parte superior que es el monte de venus, que en la pubertad se cubre de vellos, hacia ambos lados están los labios mayores, que también se cubren de vellos y al interior los labios menores que son finos, suaves y sin vellos. En la parte superior de los labios menores se encuentra el clítoris, que es un órgano eréctil, importante para la excitación y el orgasmo. Entre los labios menores se encuentran dos orificios: Uretral y vaginal

Orificio de la uretra: Da salida a la orina y comunica con la vejiga y los riñones.

Orificio vaginal externo: Da salida a la menstruación o regla, da salida al feto y es el orificio por el cual penetra el pene y deposita el semen que contiene los espermatozoides. Este orificio comunica con la vagina, el útero, las trompas de Falopio y los ovarios

Orificio anal: Orificio por el cual salen las deposiciones y está comunicado con el recto y los intestinos.

Una tarea práctica es observarse con un espejo e identificar los 3 orificios.

Este conocimiento es importante para prevenir infecciones urinarias y vaginales, ya que el orificio anal es el más contaminado por las deposiciones, por lo tanto, la forma correcta de limpiarse, lavarse y secarse es de adelante hacia atrás, porque si arrastramos bacterias del ano a la vagina, tendremos una infección vaginal y si se contamina la uretra tendremos una infección urinaria.

¿Cómo saber si tengo una infección?

Si es infección urinaria generalmente vas a sentir dolor al orinar, vas a orinar con mayor frecuencia y saldrá poca orina, quedarás con la sensación de querer orinar nuevamente.

Si es infección vaginal, tendrás un flujo vaginal de mal olor o puedes tener picazón en la zona genital. Es importante señalar que es normal que la mujer elimine algo de flujo, el cual no tiene mal olor y generalmente es un flujo mucoso transparente o más opaco. Este flujo es producido por las glándulas que están en el cuello del útero.

Si se sospecha de infección urinaria se puede solicitar un examen de orina. La muestra debe ser tomada correctamente, realizando un lavado de manos, luego un prolijo aseo genital y secar con papel desechable, luego orinar el primer chorro fuera del frasco y el segundo chorro en el frasco. Si no se toma correctamente la muestra, ésta se contamina y no obtendremos un resultado confiable.

Si se sospecha de infección vaginal, se debe consultar. Al examinar a la paciente, hay infecciones que por sus características se puede saber qué tipo de germen la está causando y dar tratamiento de inmediato. Si en el examen clínico no es claro el tipo de infección, se solicita un examen de flujo vaginal y se dará un tratamiento de acuerdo al tipo de infección.

En la consulta es relativamente frecuente encontrarse con mujeres que solicitan con urgencia ser vistas porque no pueden caminar o sentarse del dolor y picazón. Están con una vulvitis o inflamación de la vulva exacerbada. Al examen ginecológico presentan muy enrojecida la zona de labios y vulva. Lo primero que hago es preguntarles si tienen diabetes mellitus y les solicito un examen de sangre de hemoglucotest, para conocer si está elevada la azúcar en la sangre. La diabetes mellitus descompensada con niveles altos de azúcar en la sangre puede dar esta sintomatología y en estos casos el tratamiento es bajar el azúcar en la sangre, realizar un régimen bajo en hidratos de carbono, tomarse los medicamentos o colocarse la insulina de acuerdo a lo indicado por el médico en sus controles o solicitar una hora para realizar ajustes de su tratamiento.

Los **órganos genitales internos** no se pueden observar con un espejo, pero vamos a señalar cuales son y para qué sirven:

La vagina: Es un conducto muy elástico, que une la vulva con el cuello del útero. Cuando la mujer no ha tenido relaciones sexuales está cubierto parcialmente por una membrana llamada himen, la que se rompe al tener relaciones sexuales y con los partos vaginales. Al romperse el himen puede haber un pequeño sangrado. A través de la vagina sale la regla, sale el bebé en el parto y también es el órgano por el cual penetra el pene en el coito o relación sexual.

El útero: Tiene forma de pera, mide alrededor de 7 cm de largo por 4 cm de ancho, es hueco por dentro y su función más importante es anidar el huevo fecundado y permitir el desarrollo del embarazo y del parto. En cada ciclo el útero se prepara para recibir un huevo fecundado y anidarlo en su capa interna llamada endometrio y cuando esto no ocurre, esta capa se descama y se elimina, produciendo la regla o menstruación.

El útero tiene 2 partes: el cuerpo y el cuello o cérvix, el embarazo ocurre cuando el huevo se anida en el cuerpo del útero.

El cuerpo está formado por 3 capas: La externa que lo envuelve o perimetrio, la capa media o miometrio que es de músculo y es la que contrae al útero para dar salida a la regla y se contrae durante el trabajo de parto para dar salida al feto y la placenta. La capa interna o endometrio, que es la que anida al huevo fecundado y si no ocurre el embarazo se elimina.

Los ovarios: Son 2 órganos pequeños de 3 por 2 cm aproximadamente, pero que cumplen funciones de mucha importancia: Producen los óvulos que son las células que al unirse con las células masculinas llamadas espermatozoides, formarán un huevo que se anidará en el útero, se transformará en un embrión, feto y luego en un bebé.

Los ovarios además producen unas sustancias llamadas hormonas, responsables del ciclo menstrual y que se desarrollen las características para pasar de ser niña a ser mujer (mamas, caderas, vello púbico, axilar, llegada de la menarquia o primera regla)

Trompas de Falopio: Son 2 conductos, uno derecho y uno izquierdo, que unen los ovarios con el útero y transportan al huevo fecundado.

Ciclo menstrual: Es el periodo que va desde el inicio de la menstruación hasta el inicio de la próxima menstruación. Cuando preguntamos por la fecha de la última regla o menstruación se refiere al día en que llega la regla, por eso es importante anotar y que tengas claras las fechas de tus ciclos.

¿Cuáles son los órganos del aparato reproductor masculino?

El hombre tiene solo 2 orificios: La uretra que da salida a la orina y al semen y el ano que da salida a las deposiciones.

Sus principales órganos son los **testículos** que cumplen 2 funciones: Producir los espermatozoides o espermios que participarán en la formación del huevo, embrión, feto y futuro bebé y hormonas masculinas responsables de los cambios en la pubertad que transforman al niño en un hombre (vello corporal y facial, incluyendo púbico y axilar, voz más ronca, manzana de adán). La piel que cubre los testículos es rugosa y se llama escroto. El **epidídimo** es un conducto en espiral ubicado en la parte posterior de los testículos donde se almacenan y maduran los espermatozoides.

El **pene,** es un órgano eréctil que sirve para dar salida a la orina y transportar el semen desde los testículos hacia el exterior, ya sea en una masturbación o durante el acto sexual. La parte anterior del pene se llama glande o cabeza del pene y prepucio es la piel que la cubre.

Los **conductos deferentes** transportan los espermios desde el testículo hasta las **glándulas seminales,** donde, junto a la **próstata** aportan un líquido blanquecino el que se mezcla con los espermatozoides formando el semen.

La próstata es una glándula del tamaño de una nuez ubicada debajo de la vejiga y que envuelve a la uretra. Las vesículas seminales son 2 glándulas alargadas ubicadas por encima de la próstata y que su contenido lo entregan al conducto deferente de cada testículo.

Uretra es el conducto a través del cual sale la orina desde la vejiga hacia el exterior al orinar y también es el conducto que da salida al semen desde los testículos al exterior a través de la eyaculación. Existe una válvula que regula la salida de semen o de orina.

CAPITULO 6

Los métodos anticonceptivos

Es todo método que impide el embarazo, tanto en hombres como mujeres. En general para la mujer existe una gran diversidad de métodos y no existe el método ideal que sea el mejor para todas, sino que se debe elegir el más adecuado de acuerdo a cada persona considerando sus antecedentes, riesgos, preferencias, para asegurar el buen uso y la mayor eficacia posible.

Es importante señalar que, para asegurar la eficacia de los métodos anticonceptivos hormonales, químicos o de barrera se deben considerar las siguientes recomendaciones:

Fijarse en la fecha de vencimiento

Comprar o solicitarlo en un lugar seguro, ya que se deben mantener en lugar adecuado en relación a humedad y temperatura. Evite comprar en la calle o lugares no establecidos.

Para la prescripción de cualquier método anticonceptivo se debe descartar embarazo, por ello la mayoría se inician con la regla o menstruación la primera vez que se indican, luego se deben seguir usando sin interrumpir; también se indican después de un parto o de un aborto.

En el caso de métodos para hombres se reducen a sólo dos. A continuación, señalaremos los métodos usados en la anticoncepción para mujeres y para hombres.

6.1.- Métodos anticonceptivos para mujeres

Existen tres grupos de anticonceptivos para la mujer, los cuales podemos clasificarlos en: hormonales, no hormonales y quirúrgico.

6.1.1.- Métodos anticonceptivos hormonales

Todos los métodos que contienen hormonas, cuando se empiezan a usar pueden producir efectos secundarios de adaptación del cuerpo a las hormonas tales como náuseas, vómitos, dolor de mamas, retención de líquido, alteraciones con el sangrado, entre otros, los que irán desapareciendo gradualmente hasta el sexto mes. Hay una gran variedad de métodos y hormonas, por lo cual se aconseja que sean prescritos y controlados por un profesional matrona, matrón o ginecólogo(a).

Las tabletas o píldoras anticonceptivas

Es uno de los métodos anticonceptivos más usados en el mundo, por su fácil acceso en las farmacias y centros de salud.

Hay dos grandes grupos de tabletas, las que tienen una sola hormona en base a progesterona y las que tienen dos tipos de hormonas: estrógenos y progesterona, se les llama anticonceptivo oral combinado.

Se sugiere que la persona que decida tomar tabletas sea muy ordenada, ya que es importante tomarse la tableta todos los días a la misma hora, dado que, con un desfase de 3 horas en el caso de las tabletas con progesterona, se pone en riesgo su eficacia anticonceptiva.

La eficacia de este método se puede reducir por: Olvido de tomar la tableta, alteraciones en la absorción del medicamento, la que se altera en caso de vómitos, diarrea o uso de algunos antibióticos

- **Tabletas anticonceptivas de progesterona:** Son compuestos en base a hormonas derivadas de la progesterona y generalmente se indica en mujeres que están amamantando, tienen diabetes, hipertensión o contraindicación de usar tabletas que contengan estrógenos. Con este método generalmente no hay reglas o sangrado menstrual.
- **Tabletas anticonceptivas combinadas:** Contienen dos hormonas, los estrógenos y la progesterona; lo pueden tomar las mujeres que no tengan enfermedades en las cuales están contraindicadas algunas de estas hormonas. No están recomendadas en personas con hipertensión, diabetes mellitus, cáncer de mamas, mujeres fumadoras, entre otras enfermedades o riesgos. Con este método generalmente hay sangrado menstrual de 2 a 5 días y cuando su uso es prolongado se reduce solo a manchas e incluso puede desaparecer.

Inyectable mensual: Inyección anticonceptiva que se coloca una vez al mes y que contiene estrógenos y progesterona. Se coloca intramuscularmente y se deben considerar las mismas contraindicaciones que los anticonceptivos combinados. Se prefiere la inyección por comodidad y también cuando hay algún problema digestivo que complique la absorción de la tableta anticonceptiva. Con este método generalmente hay sangrado menstrual, el que a veces se reduce solo a manchas.

Inyectable trimestral: Inyección anticonceptiva que se coloca cada 3 meses y es en base a hormonas de progestinas. (Las progestinas son hormonas sintéticas con acción similar a la progesterona que produce el cuerpo). Su uso es muy fácil y cómodo. En Chile en el sistema público existe en dos presentaciones, una que se coloca vía subcutánea y puede ser autoadministrada una vez que la mujer ha sido capacitada y otra que es vía intramuscular que requiere de ser puesta por alguien capacitado. Con este método generalmente no se presenta menstruación y es normal, porque la progesterona impide el crecimiento de la capa endometrial, que es la que se descama produciendo el sangrado.

Implantes subdérmicos: Son dispositivos liberadores de progestinas, que se insertan vía subcutánea, utilizando anestesia local. Son altamente efectivos para evitar el embarazo, algunos tienen una varilla y dura 3 años y otro tiene 2 varillas y dura 5 años.

Parche: es un sistema anticonceptivo hormonal combinado que mide 4.5 cm de una delgada capa que se coloca en cualquier parte del cuerpo, excepto en las mamas. Viene en una caja que trae 3 parches y se coloca uno cada semana y descansan 7 días. En la semana libre de hormonas se produce el sangrado o regla y al octavo día empieza nuevamente con el primer parche de otra caja.

Anillo vaginal: Es un método hormonal combinado que consiste en un anillo que se coloca en el fondo vaginal el primer día del ciclo y se deja por 21 días, luego se retira y descansa siete días. El día de inicio siempre es el mismo, ejemplo siempre un lunes o martes, etc.

Dispositivos intrauterinos con hormonas: Existen varios tipos de dispositivos con hormonas, tienen forma de T y contienen hormona de progestinas que se liberan a la cavidad uterina y se logra doble efecto, el del dispositivo y el hormonal. Los modelos existentes duran 5 años.

Método Anticoncepción de Emergencia (MAE) o píldora del día después

Hay diferentes modalidades de MAE, las más usadas son píldoras de 0.75 mg. de levonorgestrel que se pueden tomar 2 comprimidos juntos o 1 cada 12 hora o una píldora de 1.5 mg por 1 vez

No se considera un método anticonceptivo, sino como una medicación de emergencia para evitar la ocurrencia de un embarazo no planificado, ya sea esto por tener relaciones sexuales sin la protección de un método anticonceptivo o por falla del método o de la persona que lo usa. La eficacia es mayor mientras más cerca de la fecha del coito o relación sexual se tome. Se debe administrar idealmente antes de los 3 días y se puede usar hasta 5 días posteriores a la relación sexual de riesgo, aunque su eficacia se reduce después del cuarto día.

En Chile actualmente se puede solicitar por mujeres mayores de 14 años en los centros de salud, en los servicios de urgencia o comprar en las farmacias, sin receta, lo cual lo hace de fácil acceso. Las mujeres menores de 14 años deben asistir acompañadas por un adulto responsable mayor de 18 años.

Cada país tiene su propia legislación en relación a esta materia, es importante solicitar esta información en los centros de salud donde usted vive.

Una vez que se toma la anticoncepción de emergencia, se espera un sangrado entre el tercer y décimo día, con el cual se descarta el embarazo y se debiera iniciar un método anticonceptivo seguro. Si no llega sangrado al décimo día, se puede realizar un test de embarazo.

No se debe abusar de la anticoncepción de emergencia, ya que son altas dosis de hormonas que se usan en una ocasión de emergencia, por lo que si se usa en forma reiterada se produce desorden hormonal. Lo que la

mujer necesita es usar un método anticonceptivo seguro. Concurre oportunamente a consultar con tu matrona, matrón o ginecólogo.

6.1.2.- Métodos anticonceptivos no hormonales

Dispositivo intrauterino con cobre o TCU: Es un aparato con forma de T que en los brazos tiene un revestimiento de cobre, se coloca en el útero de la mujer. Tiene una duración de 10 años. Sus mecanismos de acción para evitar un embarazo son varios: Alteran la capacidad de movimiento de los espermatozoides y los inmovilizan por lo que pocos logran llegar a las trompas, produce una reacción inflamatoria en el endometrio.

Métodos de barrera: Son todos aquéllos en los cuales se interpone una barrera física que impide que el semen sea depositado en la vagina, entre ellos están los preservativos, diafragma y el capuchón cervical.

Preservativo femenino: Es una funda de poliuretano de tamaño estándar que se coloca en la vagina. Tiene un anillo que se introduce y debe quedar en el fondo de la vagina y otro anillo que queda fuera de la vagina. Se puede colocar horas antes de tener relaciones sexuales y se extrae después.

Diafragma: Es una cubierta de látex o silicona, reutilizable que dura entre 1 a 3 años, tiene un aro que se introduce por la vagina y debe cubrir todo el cuello. Se usa con gel espermicida y se puede colocar horas antes de la relación sexual y retirar entre 6 a 24 horas después. Existen diferentes tamaños y se debe indicar por profesional para medir e indicar el adecuado. No está fácilmente disponible.

Capuchón cervical: Es similar al diafragma, pero solo cubre el cérvix. También se debe usar con espermicidas, que es un gel que paraliza o destruye los espermatozoides, para aumentar su efectividad.

Métodos naturales

Los métodos naturales tienen doble utilidad, es decir se pueden utilizar para evitar un embarazo o para buscar un embarazo. Se basan en abstenerse de tener relaciones sexuales durante el periodo que la mujer pueda quedar embarazada, o tener relaciones si se desea un embarazo. Para ello es aconsejable que la pareja tenga conocimiento sobre el ciclo reproductivo y embarazo.

En el funcionamiento normal del cuerpo el ciclo comienza el primer día de sangrado o regla y termina el día antes de la próxima regla, generalmente tiene una duración de 28 a 30 días. El ciclo está comandado principalmente por los estrógenos en la primera mitad y en la segunda mitad por la progesterona. Cada hormona produce efectos específicos, por ejemplo, los estrógenos hacen que las glándulas del cuello uterino produzcan moco fluido como clara de huevo, este es moco fértil, es decir, alto riesgo de embarazo si la mujer tiene relaciones sexuales estos días. En este moco fértil, los espermatozoides pueden vivir varios días. Posterior a la ovulación, cuando la fertilidad disminuye, aumenta la progesterona, esta hormona produce cambios en las características del moco del cuello y éste se hace más escaso y espeso, por lo que la fertilidad disminuye. Esta hormona eleva la temperatura corporal en 0.5 grados aproximadamente.

Entre los métodos naturales podemos señalar los siguientes:

El método del ritmo o del calendario: Señala la probabilidad de embarazo días previos, durante y posteriores a la ovulación, por lo tanto, la pareja no debe tener relaciones durante este periodo. La abstinencia es alrededor de 7 a 10 días.

Método de Billing: Plantea la abstinencia de relaciones sexuales, los días que la mujer se siente húmeda o que pierde moco transparente como clara de huevo y hasta 3 días posteriores al cambio del moco que genera la ovulación, produciendo un moco más escaso y espeso.

Método de la temperatura basal y monitoreo de ovulación: se basa en el control de la temperatura basal, apenas despiertas la mujer debe tomar la temperatura rectal o en la boca y registrarla, todos los días y se lleva a un gráfico. Los días infértiles con seguridad son desde 3 días post ovulación hasta la llegada de la regla. Antes de usar este método debe llevar un registro por unos 3 meses para conocer como funciona su cuerpo y darse cuenta cuando ocurre el aumento de temperatura que es de 0.4 a 0.5 grados aproximadamente.

Método sintotérmico: Se basa en la abstinencia sexual durante el periodo que existe moco fértil y alza de la temperatura basal

Amenorrea de lactancia (MELA): Es un método para evitar el embarazo si la mujer reúne los siguientes requisitos
- Si es lactancia exclusiva, es decir si el bebé se alimenta solo de leche materna.
- Si el bebe es menor de seis meses.
- Si la mujer no ha presentado regla o sangrado después del parto

Si se pierde cualquiera de estas 3 condiciones, este método pierde su efectividad y la mujer se expone a un embarazo.

El coito interruptus: Se interrumpe el coito o relación sexual y el hombre eyacula fuera de la vagina. Es un método poco efectivo con un alto porcentaje de falla, ya que el líquido preseminal, que sale antes de la eyaculación contiene espermios, los que en el moco fértil de la mujer pueden vivir varios días y producir un embarazo.

6.1.3 Método quirúrgico

Esterilización quirúrgica: Es una cirugía que se practica a la mujer vía vaginal o abdominal, en la cual se cortan y cauterizan las trompas de Falopio, impidiendo el encuentro del óvulo y los espermatozoides. Es un método que la mujer decide cuando ha completado su paridad y ya no desea tener más hijos ni usar métodos anticonceptivos. Requiere de anestesia y hospitalización.

6.2.- Los métodos anticonceptivos para el hombre

Es evidente que la investigación anticonceptiva no se ha esforzado por desarrollar técnicas anticonceptivas masculinas y está en deuda con la sociedad, ya que en gran medida libera al hombre de la responsabilidad que conlleva la procreación.

La reproducción humana ocurre con la participación de dos individuos que aportan el 50% cada uno en la formación de un nuevo ser y por lo tanto la responsabilidad debiera ser en la misma medida, tanto en la prevención de un embarazo, como en el control del mismo y en la responsabilidad de la crianza.

La cultura y la sociedad influyen en las decisiones de las personas y los cambios deben ser facilitados por la ciencia y las leyes.

En nuestra cultura y sociedad chilena la responsabilidad del uso de un método anticonceptivo recae en gran medida en la mujer, porque tenemos un sistema que ofrece alternativas principalmente para el sexo femenino y lo mismo ocurre en la mayoría de los países del mundo.

Hoy nos damos cuenta de esta injusticia, porque la responsabilidad en el uso de un método anticonceptivo no se distribuye 50% en cada sexo o simplemente que las cosas podrían ser distintas si hubiera otras alternativas disponibles, que fueran facilitando el cambio social y cultural. Por ejemplo, tomemos el siguiente caso: Si existiera la inyección mensual masculina o inyección trimestral o implantes para hombres que inhiban la población espermática, donde el espermiograma fuera un examen de rutina para evaluar fertilidad, seguro que esto provocaría un gran cambio, equivalente a cuando apareció la píldora anticonceptiva para la mujer.

Al inicio sería un cambio de paradigma mientras ocurre su socialización, después iría aumentando su uso gradualmente hasta producir el cambio social y cultural facilitado por nuevas leyes y nuevos enfoques.

En este caso la pareja podría negociar su responsabilidad en el uso de anticoncepción al 50%, porque actualmente la responsabilidad anticonceptiva recae casi en un 100% en la mujer, ya que para el hombre la oferta se limita a preservativos y vasectomía, cada uno con serias limitaciones.

Creo que primero es el llamado a la ciencia e investigación para avanzar en anticoncepción masculina, luego incorporar los descubrimientos en los cambios de las políticas en salud sexual y reproductiva, que definan nuevas prioridades y recursos que permitan a los servicios ofrecer mayores y mejores alternativas para la anticoncepción masculina.

6.2.1.- Preservativos masculinos

Son fundas que pueden ser de látex, o poliuretano para personas alérgicas al látex, que se coloca en el pene antes de la penetración vaginal cuando éste está en erección; al eyacular el semen queda en el fondo del preservativo y el hombre debe retirar su pene de la vagina afirmándolo de su base y en lo posible antes que se ponga flácido, para evitar el contacto de semen con secreciones vulvares o vaginales. Hay distintos tamaños, generalmente en Chile al sistema público llegan solo los de tamaño estándar, razón por la cual a veces se rompen porque son de tamaño inadecuado.

El preservativo se usa una sola vez, se deben proteger de la luz ultravioleta, la humedad y el calor, ya que su envase se daña, razón por la que no se recomienda comprarlos en ferias libres, locomoción colectiva o por internet, porque su calidad no está garantizada. No guardar en los bolsillos o billetera. Siempre revisar la fecha de vencimiento antes de usar.

6.2.2.- Esterilización quirúrgica o vasectomía

Es una cirugía ambulatoria en la cual se cortan los conductos deferentes de ambos testículos, con lo cual el semen sale sin espermios. Se puede realizar un pequeño orificio en la base del pene o dos incisiones una en cada testículo. Una vez realizada la operación se deben esperar alrededor de 3 meses para asegurarse que ya no quedan espermas fecundantes.

La vasectomía es una operación simple, rápida y de bajo costo para parejas que ya tiene su paridad definida

Este método es más utilizado en los países desarrollados como Inglaterra, Nueva Zelanda, Canadá, Holanda y España, en los cuales las cifras de vasectomía son superiores a la esterilización femenina. En EEUU se realizan alrededor de 1 millón de vasectomías al año.

El Dr. Cristian Palma, urólogo de la Universidad de Chile señala que "en América latina la tendencia de la vasectomía va en aumento".

Estimo que el escaso desarrollo de la vasectomía en Chile se debe a la falta de políticas públicas respecto al tema, tal vez si se propone capacitar a médicos generales que realicen vasectomía como una cirugía menor ambulatoria en los CESFAM, podría ser una solución o capacitar a un médico por servicio de salud y que éste rote por las diferentes comunas de cada servicio.

6.3.- Eficacia de los métodos anticonceptivos

En las Normas Nacionales sobre Regulación de Fertilidad del Ministerio de Salud de Chile (2017), se señalan los siguientes datos de eficacia de los métodos anticonceptivos (MAC) en el uso típico.

La eficacia de los **MAC** con el uso típico se refiere al **porcentaje de embarazos que se producen en un año medido por 100 mujeres que usan el método**. La eficacia de los métodos usados en condiciones óptimas varía sobre todo en los métodos de uso diario, mensual o trimestral que es bastante mejor, pero lo observado con el uso real o típico, disminuye la eficacia por olvidos o uso incorrecto. Los métodos que muestran mayor eficacia son los quirúrgicos y los de larga duración como los implantes y los dispositivos intrauterinos o DIU.

Si una mujer no usa método: 85%

Implantes de progestágeno solo: 0.05%

Vasectomía: 0.1%

Inyectables combinados: 3%

Inyectables con progestágeno solo: 3%

Esterilización femenina: 0.5%

DIU con levonorgestrel: 0.2%

DIU TCU: 0.8%

Tableta anticonceptiva de progesterona sola en lactancia: 1%

MELA o amenorrea de lactancia: 2%

Tabletas anticonceptivas de progesterona sola sin lactancia: 6- 8%

Tabletas anticonceptivas combinadas: 6 - 8%

Anillo vaginal combinado y parche: 6 - 8%

Condón masculino: 15%

Diafragma con espermicida: 16%

Coito interrumpido: 19%

Abstinencia periódica: 25%

Condón femenino: 21%

Espermicidas: 29%

La sugerencia para las mujeres y sus parejas es que, si no desean un embarazo, usen un método anticonceptivo correctamente y elegir entre los más efectivos que puedan usar. Un embarazo no deseado generalmente está asociado a mayor riesgo para la mujer y del hijo que está por nacer.

CAPITULO 7

¿Qué es la menopausia y el Climaterio?

Principales conceptos

El climaterio es el periodo que está al finalizar la edad reproductiva de la mujer e inicios de la etapa no reproductiva, dura alrededor de 10 años, se caracteriza por grandes cambios que ocurren en la transición a esta nueva etapa. Los cambios se inician varios años antes de la menopausia y terminan varios años después. Se reconoce el periodo de 45 a 64 años como el más frecuente para enmarcar este periodo.

La menopausia se refiere a algo puntual, es la fecha de la última regla o menstruación, la edad más frecuente es alrededor de los 50 años.

Menopausia prematura: Es cuando ocurre antes de los 40 años

Menopausia precoz: Es cuando ocurre entre los 40 y 45 años

¿Cómo saber si me llegó la menopausia?

Si usted está esterilizada y no usa método anticonceptivo hormonal y lleva un año sin presentar sus reglas, puede decir que ya le llegó su menopausia. El diagnóstico es retrospectivo, para lo cual se aconseja que todas las mujeres lleven el registro de sus sangrados.

Si usted usa un método anticonceptivo hormonal y presenta algunos síntomas del climaterio, con su matrona, matrón o ginecólogo pueden acordar un examen de sangre de FSH para evaluar si el ovario aún funciona.

Si el ovario aun funciona debe usar un método anticonceptivo adecuado a su edad y riesgos individuales, para prevenir embarazo, ya que, si ocurre, éste implica riesgos para la madre y el feto, por ejemplo, malformaciones congénitas, hipertensión, diabetes entre otras enfermedades.

¿Por qué se produce el climaterio?

Cuando la mujer nace tiene en sus ovarios una determinada cantidad de células germinales que pueden llegar a ser óvulos, pero con el pasar de los años desde el nacimiento y sobre todo desde que se inician las reglas, se pierden muchas de estas células cada mes y al final de la vida reproductiva quedan muy pocas, por ello los ovarios van produciendo cada vez menos hormonas y las reglas pueden alterarse desde pasar periodos sin reglas a que éstas sean irregulares, abundantes y a veces dolorosas.

¿Cuáles son los cambios que se producen en el climaterio?

En algunas mujeres los cambios son leves y apenas perceptibles, en otras son moderados y en otras mujeres los cambios son intensos.

Se señala que los síntomas son más intensos cuando la hormona predominante en el cuerpo de la mujer son los estrógenos, generalmente son mujeres de tez blanca, mamas abultadas, acinturadas, contextura delgada y cuando la hormona predominante es la progesterona son mujeres de piel más morena, contextura mediana o gruesa, caderas de corte más recto, en ellas los síntomas son más leves. Estas características podrían ser predictoras de cuánto me va a afectar el cambio hormonal en este periodo, además influyen diferentes aspectos de la vida de la mujer, entre ellos; su estilo de vida, antecedentes de enfermedades previas, antecedentes familiares y sociales.

En general, después de los 40 años de edad va aumentando la posibilidad de que aparezcan enfermedades tales como el cáncer, hipertensión, diabetes, artrosis, dislipidemia, hipotiroidismo, entre otras, razón por la cual es importante realizarse los exámenes de salud correspondientes una vez al año o según se lo soliciten los profesionales que la controlan.

El déficit de estrógenos que se produce en el climaterio va produciendo cambios en diferentes niveles:

Alteraciones de la regla: Se pueden tener sangrados irregulares cada 15 días, o cada 2, 3, 6 meses o un año, es decir son impredecibles.

Alteraciones de la libido: Generalmente hay disminución del deseo sexual, lo que provoca desajuste sexual en las parejas. Esto puede ir asociado a sequedad vaginal, relaciones sexuales dolorosas, ya que los tejidos disminuyen su elasticidad y son más delgados.

Bochornos: Son olas de calor que sofocan acompañados de sudoración, sobre todo en región de mamas y cuello, seguidos por una ola de frío que obliga a abrigarse. Cuando este síntoma es muy frecuente, impide dormir bien y produce mucha irritabilidad.

Depresión y ansiedad: Se puede producir por la ansiedad de no saber qué le ocurre, por el cansancio de no poder dormir bien, por la aparición de otras enfermedades o complicaciones de la vida personal, familiar, laboral o de otra índole.

Problemas osteomusculares: Dolores de músculos y de huesos. Pueden aparecer problemas de artritis, artrosis, osteoporosis.

Cefaleas o dolores de cabeza: Pueden ser por déficit hormonal, por estrés o por hipertensión.

Encuesta MRS o escala para Autoevaluación (Menopause Rating Scale)

MRS (desarrollado por Schneider & Heinemann en 1996)

Es una pauta para evaluar calidad de vida en el climaterio, puede ser autoadministrada, evalúa los 3 aspectos que generalmente se afectan, estos son: corporales o somáticos, los psicológicos y genitourinarios. Es una pauta que consta de 11 preguntas referente a síntomas, frente a las cuales debe marcar una sola opción, de las cuatro que están en el formulario. Las opciones son las siguientes:

No le molesta – 0 puntos

Molestia leve – 1 punto

Molestia moderada – 2 puntos

Molestia importante – 3 puntos

Molestia severa – 4 puntos

Estos síntomas pueden afectar la calidad de vida de la mujer y la suma de los puntajes por área permitirá saber si necesita ayuda.

Área somática preguntas 1-2-3-4

Área psicológica: 5-6-7 y 8

Área urogenital: 9-10 y 11

¿Cuál de las siguientes molestias siente en la actualidad y con qué intensidad?

Síntomas (Marque solo un casillero por síntoma)	0	1	2	3	4
1.- Bochornos, sudoración, calores					
2.- Molestias al corazón (Sentir latidos del corazón, palpitaciones u opresión al pecho)					
3.- Molestias musculares y articulares (dolores de huesos y articulaciones, dolores reumáticos)					
4.- Dificultades en el sueño (insomnio, duerme poco)					
5.- Estado de ánimo depresivo (sentirse deprimida, decaída, triste al punto de llorar, sin ganas de vivir)					
6.- Irritabilidad (sentirse tensa, explotar fácilmente, sentirse rabiosa o intolerante)					
7.- Ansiedad (sentirse angustiada, temerosa, inquieta, tendencia al pánico)					

8.- Cansancio físico y mental (Rinde menos, se cansa fácil, olvidos frecuentes, mala memoria, le cuesta concentrarse).					
9.- Problemas sexuales (menos ganas de sexo, menor frecuencia de relaciones, menor satisfacción sexual)					
10.- Problemas con la orina (problemas al orinar, orinar más veces, urgencia de orinar, se le escape la orina)					
11.- Sequedad vaginal (sensación de genitales secos, malestar o ardor en los genitales, malestar o dolor en las relaciones sexuales)					

Sobre 16 puntos totales se requiere ayuda profesional. También los puntajes específicos por áreas pueden requerir intervenciones específicas, ejemplo si sólo está afectada el área urogenital, que son las 3 últimas preguntas o el área psicológica o somática.

Importancia de la evaluación en etapa del climaterio

Es importante realizar una evaluación completa a la mujer en edad de climaterio para pesquisar los riesgos y enfermedades que ella pudiera estar presentando. Para ello la anamnesis o preguntas que se realizan al inicio del control son muy importantes, por ejemplo, la edad, cuántos embarazos tuvo, partos, antecedentes de enfermedades previas, ciclo menstrual, actividad sexual, entre otros.

El examen físico: Controlar la presión arterial, peso, IMC, otros

Examen físico de mamas, examen ginecológico, toma de Papanicolaou o citología si corresponde.

Solicitud de exámenes para descartar patologías como diabetes, anemia, problemas tiroideos, infecciones, colesterol y triglicéridos

Exámenes específicos como mamografías y/o ecografía mamaria, ecografía ginecológica.

Con los resultados de todos estos exámenes y el resultado del MRS, se realiza el diagnóstico y las derivaciones según corresponda, por ejemplo, si la paciente está con probable depresión, se orientará a consultar médico y/o psicólogo; si se pesquisa hipertensión, diabetes mellitus, sospecha de cáncer cérvico uterino, mamas u ovarios, problemas tiroideos, entre otros se deberá derivar para ingresar a programas especiales para el control de estas enfermedades. Cada persona se debe hacer cargo de sus enfermedades para mantenerlas controladas, para ello la persona debe

85

aceptar la enfermedad y amigarse con ella, conocerla y aprender a cuidarla; es todo un proceso a veces difícil de aceptar, pero mientras antes lo haga será mejor.

Si área somática en el MRS, está muy alterada, se derivará con ginecólogo para iniciar terapia hormonal, siempre y cuando no tenga contraindicaciones, y así controlar los fastidiosos bochornos.

Si la mujer tiene incontinencia urinaria o prolapso genital se derivará al ginecólogo de nivel hospitalario para tratamiento según corresponda.

Recomendaciones generales para un climaterio saludable

El cuidado de la salud y la práctica de estilos de vida saludable son recomendaciones generales para todas las **mujeres**

1.- Ejercicio o actividad física regular 3 o más veces a la semana es muy importante porque permite mantener la musculatura activa para sostener nuestro esqueleto, mejorar el metabolismo y la oxigenación de los tejidos, aumentar las hormonas de la felicidad y mejorar la salud mental. La actividad física puede ser cualquiera, lo importante es que pueda hacerla con regularidad, puede caminar, bailar, hacer ejercicios en su casa o asistir a un gimnasio. No se requiere invertir mucho dinero, sino trabajar el hábito y practicar una rutina.

2.- Dormir bien y ojalá sin medicamentos, para ello hay que desconectarse del celular, televisión y del trabajo aproximadamente a las 21 horas e iniciar una rutina de descanso, dejando preparado lo que requiere para empezar su próximo día, agradezca por el día vivido, escuche un audio de relajación o música suave, baje la intensidad de las luces. El organismo produce una hormona que le ayuda a dormir, se llama melatonina, el pick se libera como a las 23 horas y requiere un ambiente oscuro. Si le cuesta un poco dormir apague las luces y oscurezca su pieza para que actúe su melatonina natural. Un sueño relajado y profundo le permitirá descansar y amanecer bien, con energía y descansada.

Evite cenar pesado y los alimentos con cafeína durante la tarde

Trate de evitar el uso de benzodiazepinas porque con el tiempo le afectarán la memoria, tendrá una vejez con más olvidos y por lo tanto empezará a depender de otros.

3.- Alimentación saludable. Para que los órganos y células de nuestro cuerpo funcionen adecuadamente, le tenemos que aportar los nutrientes necesarios. Entre estos nutrientes están las proteínas, vitaminas, minerales, fibra, ácidos grasos, hidratos de carbonos, agua. Si no le aportamos lo necesario, las deficiencias y excesos se pueden expresar como enfermedades.

Cuando tenemos un desequilibrio alimenticio en general, sentimos ansiedad y deseos de comer constantemente o comer sin límites. El problema es que comemos lo que nos gusta, que generalmente son alimentos altos en azúcares o hidratos de carbono o grasas, y no lo que el cuerpo necesita, así aumentamos de peso.

A continuación, un resumen que te puede ayudar a elegir mejor lo que comes:

Las proteínas son necesarias para fortalecer nuestra musculatura y reparar lo que el cuerpo necesite, son muy importante y las puedes encontrar en las carnes, leche, clara de huevo, yogurt, barras de proteínas. Las proteínas son el remedio para el hambre.

Grasas y aceites: Existen grasas buenas o saludables y las grasas no saludables.

Las grasas que no son saludables van tapando nuestras arterias por lo que se asocian a hipertensión y tromboflebitis, por esta razón debemos evitarlas o comer en pequeñas cantidades, ya que además son altas en calorías, entre ellas tenemos las frituras, carnes muy grasosas, cremas, mantequilla, chicharrones, otros

Las grasas saludables las debemos consumir, ya que ayudan a muchas funciones dentro del cuerpo, pero también en cantidades pequeñas por su alto contenido calórico, entre éstas tenemos el aceite de oliva, aceite de coco, palta o aguacate, frutos secos, omega 3 en cápsulas.

Agua: El cuerpo necesita agua para funcionar, ya que más del 70% de nuestro cuerpo es agua. Un vaso de 200 ml por cada 8 kilos de peso, es decir 2 a 3 litros al día, según el peso. Acostumbrarse a beber un vaso de agua en ayunas y antes de las comidas.

Vitaminas y minerales: En general las podemos encontrar en frutas, verduras, legumbres, semillas, mientras más variadas, mayor el aporte nutricional. En lo posible comer frutas y verduras crudas, bien lavadas o salteadas (no recocer).

Hidratos de carbono: Son los más consumidos y los encontramos en el pan, pasteles, galletas, tallarines, papas, arroz, bebidas con y sin alcohol, cereales, legumbres. Hay carbohidratos más saludables que otros. Evitar los refinados y preferir los más integrales. Entre los refinados están por ejemplo el pan blanco, arroz blanco.

Los integrales, en general son alimentos hechos en base a los granos enteros, los que tienen más nutrientes que los refinados, ejemplo arroz integral, avena, cebada, quinoa, linaza. La fibra que contiene la cáscara de los granos permite que la transformación en azúcar de estos alimentos sea más lenta y los niveles sean menos elevados.

4.- Recreación: Todas las personas necesitamos tener espacios para recrearnos, ya sea solos o en compañía de otros. El ver una película que te guste, dar un paseo por un parque, por la playa, contemplar un atardecer.

Cualquier experiencia gratificante que te relaje, contribuye a tu bienestar y felicidad.

5.- Suplementos alimenticios: En general es difícil el aporte completo y equilibrado de nutrientes solo con la alimentación de hoy en día, por lo que en esta etapa de la vida es conveniente suplementar si es posible con algunos nutrientes como: Vitamina D, calcio, magnesio, colágeno, vitamina C, omega 3. Aceite de coco recomendado si tiene problemas de memoria; hay neurólogos que lo recomiendan para prevenir la enfermedad de alzheimer.

El llamado es al autocuidado, la mujer en general está muy preocupada de cuidar a otros y descuida su propio ser, por lo tanto, esta es una etapa para centrarse en sí misma y decidir los cambios que tenga que hacer. Cuando la mujer logra mejorar sus hábitos, lo más probable es que también lo haga su familia o personas con las que vive.

Si desea un cambio en su vida y éste es muy difícil, solicite ayuda a un profesional, para el cambio que necesita. Del cambio que usted decida ahora, dependerá su calidad de vida en el futuro.

Recuerde que las mujeres vivimos más años, pero necesitamos vivir con buena salud y calidad de vida.

CAPITULO 8

Principales enfermedades en la mujer adulta y adulta mayor

La Organización Mundial de la Salud (OMS), en su informe del periodo 2000 al 2019 señala que "las cardiopatías siguen siendo la primera causa de muerte, la diabetes y la demencia se sitúan entre las 10 causas principales"

En las orientaciones técnicas de climaterio del Ministerio de salud de Chile, año 2014 se señala que, en el 2020, la esperanza de vida al nacer de la población femenina en Chile alcanzará 82,81 años.

El Instituto Nacional de Estadísticas de Chile en su informe del año 2019 señala que el cáncer es la principal causa de muerte con 26%, seguidas por enfermedades del sistema circulatorio con 25,6% y del sistema respiratorio con un 12,6%.

En la revista médica de Chile vol 148 oct 2020 en su artículo Cáncer en Chile y el Mundo señala que "la prevalencia de cáncer está aumentando en todo el mundo". "En el año 2018 se diagnosticaron 53.365 nuevos casos de cáncer, liderados por cáncer de próstata, colorrectal, mama, estómago, pulmón y vesícula biliar. En 30 años el cáncer aumentó un 106%.

Al revisar mortalidad por sexo el cáncer de estómago y próstata fueron responsables de más del 30% de los canceres en los hombres y en las mujeres los 3 principales fueron el cáncer de mamas, colorrectal y de pulmón, como en el resto del mundo"

Considerando estos antecedentes me voy a referir a estos 2 grandes grupos de enfermedades: Cardiovasculares y Cánceres, en particular, el de mama y el cervicouterino.

8.1.- Enfermedades cardiovasculares

Son aquellas que pueden afectar el funcionamiento del corazón, las arterias, venas y capilares, entre ellas las más comunes son: Las dislipidemias, diabetes mellitus e hipertensión arterial. En los controles de salud se realiza su búsqueda dirigida y una vez pesquisada se inicia su control, para evitar etapas más complejas de estas enfermedades. Los factores que predisponen a que aparezcan son variados, pero a continuación señalaremos los más importantes:

Factores no modificables

La edad: El riesgo aumenta con la edad.

La herencia: Los genes con los que nacemos y cuando tenemos el antecedente familiar de madre, padre o hermanos con diabetes, hipertensión o infartos.

Cuando hemos tenido preclamsia en algún embarazo.

Cuando nacimos y tuvimos un bajo peso al nacer, inferior a 2500 gramos. Esto se asocia a desnutrición intrauterina, la que puede ocurrir por hipertensión de la madre embarazada, problemas en la placenta o el cordón. Todo lo que pueda haber impedido que al feto le llegue oxígeno y alimento en cantidad adecuada cuando está en el útero materno.

¿Tiene usted algunos de estos factores?

Es importante considerar los factores no modificables, para poner énfasis en cuidarnos y detectar tempranamente alguna alteración, realizando los controles pertinentes.

Factores modificables

Alimentación no saludable.

Sedentarismo.

Tabaquismo.

Consumo de alcohol.

Estos dependen de la voluntad de querer cambiar los hábitos que son dañinos para la salud y que pueden producir como consecuencia problemas de salud como: Sobrepeso y obesidad, los que derivan en hipertensión, diabetes mellitus y/o dislipidemia.

Sobrepeso y obesidad: Se produce cuando hay un exceso de grasa corporal que puede ser perjudicial para la salud, ya que invade todos los órganos, arterias y venas, dificultando su funcionamiento. Esta se genera por el consumo de alimentos que nos proporcionan una mayor cantidad de energía que la que nuestro cuerpo requiere. Hay alimentos que concentran más calorías que otros, por ejemplo, las frituras, grasas, aceites, pan, papas, dulces, bebidas con y sin alcohol, entre otros. Estos alimentos los tenemos que consumir en modo reducido, porque en general son poco saludables.

Por otra parte, hay alimentos saludables que tienen un mayor valor nutricional y menos calorías, tales como: las verduras, frutas, pescados, carnes, huevos, productos lácteos descremados, legumbres, entre otros.

Es importante aprender a leer las etiquetas de los alimentos para elegir los que tengan, por ejemplo, menos sodio, menos calorías y un mayor aporte nutricional.

También es relevante tener buenos hábitos en relación al tipo de alimentos que consumimos, horarios, consumo de agua adecuado, evacuación intestinal diaria, para mantener un peso saludable.

En los controles que hago a las mujeres con problemas de sobrepeso, muchas señalan que no comen tanto, sin embargo, suben 2 a 5 kilos por año o más. Es posible que digan la verdad, que la mayoría de los días comen normal, pero cuando tenemos celebraciones (juntas, cumpleaños, navidad, año nuevo, día de, etc); siempre se come más calorías que las que gastamos y el exceso se acumula, a mayor número de eventos mayor será la ganancia de grasa corporal. Para abordar este problema les recomiendo prepararse unos 2 días antes y/o ajustar 2 días después de los eventos, realizar una limpieza con una alimentación baja en calorías en base a frutas, verduras, agua y alimentos con alto contenido de proteínas y por supuesto ejercicio físico.

Es bueno proponerse una meta de tu peso y trabajar para mantenerse. Esto depende de tu decisión y voluntad. Es recomendable si puedes comprar una balanza para que lleves el autocontrol de tu peso.

Hipertensión arterial:

Es cuando presentamos cifras de presión arterial iguales o mayores a 140/90, en forma persistente, medidas en reposo. Cuando nuestra presión está sobre 120/80 ya estamos en riesgo de tener hipertensión.

Las cifras altas significan un mayor esfuerzo del corazón para realizar su trabajo las 24 horas del día.

¿Qué le ocurriría a usted si la hacemos trabajar más de día y de noche, las 24 horas? Se fatiga, se cansa y enferma. Esto mismo le ocurre al corazón.

El tratamiento indicado a una persona hipertensa es para ayudarle al corazón a realizar este trabajo y un buen tratamiento debe lograr compensar la presión arterial, llegando a cifras inferiores a 140/90.

Si tiene factores de riesgo de hipertensión, cuide su peso, disminuya la sal y realice un control de salud a lo menos una vez al año. Si ya tiene hipertensión, además de lo anterior cumpla las indicaciones dadas en su control. Es recomendable tener en casa un esfingomanómetro digital de muñeca o brazo, es muy fácil de usar y puede solicitar que le enseñen a usarlo en su centro de salud o lugar donde lo compre para que lleve el autocontrol de su presión arterial.

¿Por qué el consumo de sal aumenta la presión arterial?

La sal aumenta los niveles de sodio en la sangre, esto hace que el organismo retenga más líquido por lo cual aumenta el volumen de sangre en el torrente sanguíneo y por lo tanto el corazón tiene más trabajo para mover esta mayor carga.

Diabetes mellitus

La Organización Mundial de la Salud (OMS - 1999) la define como un desorden metabólico caracterizado por hiperglucemia crónica con alteración en el metabolismo de los hidratos de carbono, grasas y proteínas como resultado de un defecto en la secreción de insulina, su acción o ambas.

A continuación, trataremos de explicar esto con términos simples:

El páncreas es una glándula ubicada detrás del estómago y que cumple 2 grandes funciones:

1.- Produce enzimas o sustancias que van al intestino (duodeno) y que ayudan a digerir los alimentos provenientes de las grasas, proteínas e hidratos de carbono.

2.- Además el páncreas produce una sustancia u hormona llamada **insulina** que se libera a la sangre y su trabajo es incorporar el azúcar que está en la sangre dentro de las células del cuerpo para que éstas la utilicen como energía. Cuando la persona tiene diabetes el cuerpo no produce la cantidad suficiente de insulina o no puede usar adecuadamente la insulina que produce.

Generalmente antes de la diabetes las personas presentan **Resistencia a la Insulina;** esto significa que las células del cuerpo no responden normalmente a la insulina, es decir, la glucosa no puede ingresar a las células con la misma facilidad, entonces los niveles de insulina se elevan y el azúcar que las células no necesitan se convierte en grasa. Esto explica porque a las personas con resistencia a la insulina les cuesta mucho bajar de peso y se les recomienda realizar actividad física regular y tener una alimentación reducida en alimentos que aumentan la glicemia, es decir los que contienen alto contenido de hidratos de carbono.

El diagnóstico de diabetes mellitus se puede realizar con un examen de sangre llamado GLICEMIA, que mide la cantidad de azúcar en la sangre. Hay varias formas de realizar este examen, entre ellas están:

Glicemia en ayunas de 8 o más horas con resultado igual o mayor a 126 mg/dl.

Glicemia aislada de 200 mg/dl o más.

Una hemoglobina glicosilada de 6.5 o más.

Test de tolerancia a la glucosa de 200 mg/dl o más.

En el test de tolerancia a la glucosa se toma una muestra de sangre en ayunas y luego con una carga con 75 gramos de glucosa se realiza una medición 2 horas después:

Resultado normal es inferior a 140 mg/dl

Resistencia a la insulina: entre 140 y 199 mg/dl

Diabetes igual o superior a 200 mg/dl

La diabetes mellitus es una enfermedad de alto costo para la persona, familia, sistemas de salud y sociedad en general, ya que tiene un alto riesgo de hacer complicaciones debido al daño que se produce en los diferentes sistemas y órganos: Se dañan los vasos sanguíneos, los riñones, los ojos. Finalmente, las personas pueden terminar con alguna extremidad amputada, ciegas, con diálisis, etc.

¿Quién tiene un mayor riesgo de presentar diabetes?

Personas de 45 años y más

Con sobrepeso u obesidad

Antecedentes de padres o hermanos con diabetes

Haber tenido hijos de 4 kilos o más

Tener hipertensión arterial

Tener dislipidemia: HDL o colesterol bueno menor de 35 y triglicérido, con un valor de 250 mg/dl o más.

Tener síndrome de ovario poliquístico, resistencia a la insulina o acantosis nigricans. La acantosis se puede reconocer porque el cuello y axilas se colocan de color más oscuro.

Se recomienda que estas personas se realicen un examen preventivo anualmente, ya que en un comienzo la enfermedad es asintomática, posteriormente puede haber síntomas como: Mucha sed, deseos de orinar frecuentemente y mucha hambre o deseos de comer. A veces hay una baja de peso y en otros, aumento de peso, los que generalmente se relacionan con los niveles de insulina. (Insulina muy alta engordan, baja de insulina pueden bajar de peso).

La enfermedad puede aparecer en la niñez, adolescencia o en la adultez, es decir a cualquier edad. Se realiza la búsqueda activa en todas las personas mayores de 20 años y en los menores con factores de riesgo.

Una vez realizado el diagnóstico la persona se debe controlar y cumplir indicaciones estrictas con el uso de medicamentos y cambios en su estilo de vida de acuerdo a lo que los profesionales le aconsejen, para mantener su enfermedad controlada y prevenir el daño de sus órganos.

La persona responsable del control y cuidado es la persona que tiene la enfermedad, aunque en primera instancia no sea fácil aceptarla, es mejor conocer de qué se trata, aceptarla, amigarse con la enfermedad y cuidarla.

Importante para el control de la diabetes

Una alimentación baja en hidratos de carbono, ya que éstos aumentan el azúcar en la sangre.

Seguir indicaciones del médico, nutricionista, enfermera(o), matrón(a) u otro profesional que la controle.

Realizar actividad física en forma regular

Puede incorporar a su botiquín un equipo portátil para medir la glicemia con una gota de sangre. Este examen se llama Hemoglucotest y mide el azúcar en sangre.

Dislipidemia

Es la alteración de la presencia de lípidos o grasas en la sangre. Se mide a través de un examen de sangre, el más básico es la medición del colesterol total y se le puede sumar la medición del LDL o "colesterol malo", HDL o "colesterol bueno" y de los triglicéridos.

Lo ideal es poder realizar el examen completo a través de un perfil lipídico, que mide los 4 componentes. Este examen requiere un ayuno de 9 a 12 horas.

El **LDL** o colesterol malo transporta colesterol a los tejidos y cuando está en exceso se adhiere a las paredes de las arterias y venas (placas de ateromas) y hace que éstas se endurezcan y se estrechen, lo cual provoca que el corazón deba realizar un mayor esfuerzo para movilizar la sangre del cuerpo, por lo que si esta situación se mantiene en el tiempo, este esfuerzo se puede transformar en una hipertensión.

EL HDL (Lipoproteínas de Alta Densidad) transporta el exceso de colesterol de diferentes partes del cuerpo hacia el hígado para que se metabolice y elimine. Es el colesterol bueno.

Triglicéridos: Son un tipo de grasa, la más común en el cuerpo y provienen de alimentos grasos y de los alimentos altos en calorías como son los hidratos de carbono, los que si no se utilizan el cuerpo los guarda en forma de grasa, que se acumula generalmente alrededor de la cintura y se liberan a la sangre cuando el cuerpo necesita energía.

El colesterol LDL aumentado y triglicéridos altos, implican un mayor trabajo para el corazón, ya que deberá transportar la sangre más espesa por conductos más estrechos, es decir deberá aumentar la presión que ejerce, para realizar este trabajo, agravando la hipertensión si existe.

¿Cuáles son los valores normales del perfil lipídico?

Colesterol total menos de 200 mg/ml

LDL óptimo menos de 100 mg/dl y no deseable mayor de 160

HDL deseable 60 mg/dl o más y no deseable inferior a 40 mg/dl

Triglicéridos deseables menos de 150 mg/dl

La alteración del perfil lipídico generalmente es asintomática, por lo tanto, la única forma de pesquisar es realizando un examen de sangre.

El perfil lipídico es un examen de sangre y si está alterado implica un mayor riesgo de hipertensión y/o de diabetes mellitus, por lo cual estas alteraciones son precursoras y si las modificamos podemos prevenir o postergar la aparición de estas enfermedades.

¿Qué hacer si tengo alteraciones en el perfil lipídico?

Reducir los alimentos con alto contenido en grasas: frituras, carnes grasas, cremas, pasteles, etc.

Reducir alimentos con alto contenido calórico: Pan, papas, tallarines, arroz, dulces, bebidas.

Consumir mayor cantidad de verduras, fibra, pescados, legumbres, avena, semillas.

Aumentar el consumo de alimentos con omega 3, que se encuentra en pescados, semillas de linaza, chía, nueces.

Realizar actividad física en forma regular

Tomar un vaso de agua por cada 8 kilos de peso.

Medicamentos indicados por médico tratante, según niveles de sus exámenes.

8.2.- Principales cánceres en la mujer

Entre los principales cánceres en la mujer se encuentran el cáncer de mamas y el cérvico uterino, ambos incluidos en programas de prevención, pesquisa precoz y tratamientos cubiertos, por Garantías Explícitas en Salud (GES) en Chile, tanto en el sistema público como en el privado. En general, todos los países tienen programas de pesquisa y control de estas enfermedades, por lo que le recomiendo informarse en los centros de salud donde se atiende y solicitar los exámenes para su detección temprana.

Cáncer de mama

En Chile mueren 3 mujeres al día por cáncer de mama; el año 2020 se diagnosticaron 5331 casos nuevos y fallecieron 1674 mujeres por esta causa.

El cáncer de mama se define como el crecimiento anormal de células en el tejido de la mama, con capacidad de invadir otros tejidos y de extenderse a cualquier parte del organismo.

¿Cuáles son los factores de riesgo de cáncer de mamas

Existen factores no modificables y factores modificables

Entre los **factores no modificables** están:

El género: Más frecuentes en mujeres que en hombres, por cada 135 mujeres hay un hombre.

La edad: El riesgo de cáncer de mama aumenta con la edad y comienza un aumento importante desde los 40 años. El 70% se diagnostican en mujeres mayores de 50 años.

Historia personal o familiar de cáncer de mama, cuando hay antecedente por línea materna y/o paterna de cáncer de mamas antes de los 50 años o familiares con cáncer de mamas en 2 generaciones. Antecedente familiar de primer grado con cáncer de mama o de ovario.

Menarquia precoz: Llegada de la primera regla antes de los 12 años y **menopausia tardía** o llegada de la última regla después de los 55 años. Exponen a la mujer a las hormonas por un mayor tiempo.

Primer embarazo en mujeres mayores de 30 años.

Aumento de la densidad mamaria, hace más difícil la pesquisa de un tumor.

Cirugía mamaria anterior.

Factores modificables

Paridad: el riesgo aumenta en un 30% en mujeres sin embarazos y sin partos.

Lactancia: Mayor riesgo si no hay/hubo lactancia.

Sobrepeso y obesidad: Dificulta la palpación de nódulos y tumores.

Sedentarismo: Favorece el sobrepeso y obesidad.

Tabaquismo: Aumenta el riesgo de múltiples tipos de cáncer.

Abuso de alcohol: 2 copas al día aumentan el riesgo.

Déficit de vitamina D, se relaciona con 15 tipos diferentes de cánceres.

¿Cuáles de estos riesgos tiene usted?

¿Qué hacer para disminuir el riesgo de cáncer de mama?

1.- Practicar un estilo de vida saludable a través de:

- Actividad física
- Mantener un peso normal
- Evitar el consumo de tabaco y alcohol
- Suplementar con vitamina D

2.- Pesquisa precoz de alteraciones a través de:

Autoexamen de mamas una vez al mes o del examen físico de mamas realizado por profesional capacitado, una vez al año.

Son **signos de alerta** los siguientes:

- Nódulo en la mama o axila.
- Piel de naranja o inflamación de una parte de la mama.
- Retracción del pezón o parte del tejido de la mama.
- Secreción del pezón no láctea, generalmente serosa o sanguínea.
- Enrojecimiento o descamación en zona del pezón o mama

3.- Mamografía

Lo ideal es que se realice desde los 40 años. En Chile se garantiza la mamografía cada 3 años a las mujeres de 50 a 69 años y en los casos de sintomatología sospechosa, desde los 15 años.

En Chile, una mamografía alterada con sospecha de cáncer (Birads 4-5 ó 6) generalmente en Atención Primaria, es atendida por la matrona o matrón como una urgencia, ya sea que la mamografía haya sido realizada particular o a través del sistema público, para acoger a la mujer que viene con una carga emocional intensa, se le explica lo que viene y se deriva con especialista para confirmar o descartar el diagnóstico.

El diagnóstico se confirma con una biopsia, entre otros exámenes y el tratamiento será de acuerdo al nivel de compromiso de los tejidos. Si el cáncer está localizado, el tratamiento es extraer la zona comprometida y si es un cáncer invasor el tratamiento es más complejo e incluirá además quimioterapia, radioterapia y otras medidas según el caso.

Como el cáncer de mama es un problema a nivel mundial, cada país tiene sus estrategias y normas para combatirlo, así que infórmese de la normativa en su región y país.

Una vez más los estilos de vida saludable nos pueden ayudar a disminuir el riesgo de esta temible enfermedad y de muchas otras.

¿En qué podría usted mejorar su estilo de vida?

Marque las alternativas con las que se pueda comprometer:

___ Ordenar mis horarios de comida

___ Disminuir el consumo de hidratos de carbono (Pan, papas, tallarines, arroz, dulces, otros)

___ Disminuir el consumo de grasas

___ Aumentar el consumo de frutas y verduras

___ Aumentar el consumo de legumbres

___ Aumentar el consumo de lácteos

___ Aumentar el consumo de agua

___ Suplementar con vitamina D

___ Aumentar la actividad física

___ Mantener la actividad física

___ Disminuir el consumo de alcohol

___ Disminuir el consumo de tabaco

___ Mantenerse sin consumo de tabaco

Escriba en detalle cómo llevará a efecto su compromiso y defina cuándo empezará su plan.

_____
_____
_____
_____
_____
_____
_____

Cáncer cervicouterino

En la Guía clínica sobre cáncer cervicouterino del Ministerio de salud de Chile del año 2015, se señala (pag 14) que a nivel mundial es el cuarto tipo de cáncer más frecuente en mujeres, siendo más frecuente en las regiones menos desarrolladas.

En Chile se pesquisan alrededor de 1200 casos nuevos cada año. El 2012 fallecieron 584 mujeres por esta causa, es decir un promedio de 1.6 mujeres al día.

El cuello uterino o cérvix es la porción inferior del útero que conecta con la vagina.

El cáncer cervicouterino (CACU) es una alteración celular que se inicia en el epitelio del cuello uterino y progresa a capas más internas hasta llegar a los vasos sanguíneos, aquí, en los tejidos vascularizados puede llegar a la etapa de un cáncer invasor y alojarse en otros órganos del cuerpo. Generalmente, es de progreso lento, de 10 a 20 años, lo que permite realizar la pesquisa en etapas iniciales cuando aún está localizado, excepcionalmente es de avance rápido, cuando el virus es muy potente y la persona tiene sus defensas bajas, es decir está inmunodeprimida.

El cáncer cérvico uterino en el 99% de los casos es producido por el virus papiloma (VPH) de alto riesgo y que se transmite por contacto sexual, la mayoría de las infecciones por VPH se resuelven espontáneamente en un periodo de 2 años y no causan síntomas, pero si la infección persiste puede causar cáncer. Se han descubierto más de 100 tipos de VPH y más de 40 que infectan el tracto genital, entre ellos 2 son los más peligrosos el VPH 16 y el 18, y son responsables del 70% del cáncer cérvico uterino. Otro 15% son producidos por otras cepas (VPH 31, 33, 45, 52 y 58).

Con este antecedente podemos señalar que el cáncer cérvico uterino, es consecuencia de una infección de transmisión sexual.

En el mundo ocupa el cuarto lugar entre los cánceres que afectan a las mujeres y en Chile el 2018 ocupó el tercer lugar en incidencia, es decir casos nuevos, y el sexto en mortalidad. Esto debido al Programa Nacional de Pesquisa y Control de CACU.

¿Qué factores influyen para que la infección por VPH persista?

Los factores no están del todo claro, pero se han asociado con el consumo de tabaco, inmunosupresión, multiparidad y presencia de otras infecciones de transmisión sexual.

¿Cuáles son los co-factores de riesgo para contraer el CACU?

Si bien muchas mujeres pueden infectarse con el VPH, no todas desarrollan un CACU, pero éste es más frecuente en los siguientes casos, los cuales se reconocen como cofactores de riesgo:

- Inicio precoz de las relaciones sexuales
- Multiparidad con 7 o más partos
- Múltiples parejas sexuales
- Antecedente de infecciones de transmisión sexual (ITS)
- Consumo de tabaco
- Inmunodepresión
- Mala nutrición
- Uso prolongado de anticonceptivos orales combinados por más de 5 años.

¿Cómo prevenir el CACU?

El Cáncer cervicouterino, es uno de los pocos cánceres que puede ser altamente prevenible a través de las siguientes medidas:

1.- Promover una vida sexual saludable

Educar a la población para prevenir las infecciones de transmisión sexual (ITS) (hablaremos más adelante de esto).

Postergar el inicio de la actividad sexual, ya que en la niñez y adolescencia el epitelio del cérvix está inmaduro.

Evitar el coito vaginal con múltiples parejas, ya que, a mayor número de parejas, mayor es la posibilidad que alguna tenga el virus VPH y se contagie.

Evitar el consumo de tabaco, ya que las sustancias tóxicas del humo de tabaco pueden dañar o cambiar el ADN de las células y cuando esto ocurre, una célula puede comenzar a crecer sin control y formar un tumor canceroso.

Alimentación saludable alta en frutas y verduras coloreadas que tengan vitamina A y otros nutrientes con acción antioxidante y así neutralizar los cambios negativos del estrés diario. El estrés produce oxidación en el ser humano. Es más fácil comprender este concepto si yo le pregunto ¿ha visto una lata o hierro oxidado? Esto empieza con un punto el que va creciendo y si no se trata invade toda la pieza hasta que se corroe y rompe.

Combatir el estrés, la ansiedad y la depresión, ya que deprimen tu sistema inmunológico y lo hacen vulnerable para el desarrollo de enfermedades. En lo posible tenga rutinas diarias o semanales para canalizar el estrés, ejemplo: bailar, pasear, realizar prácticas deportivas, yoga, relajación. Libérese de sus problemas ya sea con psicólogo, amigo(a), o simplemente escriba sus problemas en un cuaderno, pero libérese de esos pensamientos que la preocupan o atormentan.

¿Qué es el sistema inmunológico? Es el sistema formado por células, tejidos y órganos que defiende a nuestro organismo contra las infecciones. Entre éstos están: Los glóbulos blancos, el timo, el bazo, las amígdalas, los ganglios y vasos linfáticos y la médula ósea, es decir a través de todo nuestro cuerpo tenemos un conjunto de elementos que cuidan nuestro cuerpo las 24 horas del día.

El sistema inmunológico se debilita por la acumulación de toxinas provenientes del medio ambiente, del consumo de tabaco, alcohol, drogas, alimentación inadecuada, el estrés, la ansiedad, la depresión, no dormir bien, el estreñimiento, entre otros.

2.- Prevención

Hoy día se han desarrollado diferentes vacunas para combatir el VPH en el mundo, con 2 y hasta 9 cepas de las más dañinas. Hay países que han implementado vacunar a grupos específicos. Actualmente existen 3 tipos de vacunas:

- Vacuna bivalente (Cervarix), contra VPH 16 Y 18
- Vacuna tetravalente (Gardasil), contra VPH 6, 11, 16 y 18
- Vacuna nonavalente (Gardasil 9), contra VPH 6, 11, 16, 18, 31, 33, 45, 52 y 58).

Las vacunas GARDASIL, se fabrican en Estados Unidos por laboratorio Merck Sharp and Dohme.

La recomendación de todas es aplicar a la población de 9 a 14 años en 2 dosis, antes de iniciar la vida sexual.

Para la población de 15 o más años se recomiendan 3 dosis.

Cada país debe decidir su uso de acuerdo a sus recursos.

La vacuna del VPH protege en el 90% contra lesiones iniciales de CACU y 70% contra lesiones relacionadas con condilomas. Nos referiremos a los condilomas en el capítulo de las infecciones de transmisión sexual.

la vacuna del VPH se ha aplicado desde el 2006 en las regiones de Oceanía, África, Asia, Europa y las Américas

En Chile la vacuna VPH tetravalente, está incluida en el Programa Nacional de Inmunizaciones (PNI), se vacunan todas las personas de cuarto año básico con la primera dosis y en quinto año básico la segunda dosis. Es una vacuna obligatoria según decreto N°1201 del 22 de noviembre del 2013 del Ministerio de salud de Chile, contra las enfermedades que se pueden prevenir con la vacuna.

Puedes tener mayor información en la página https://vacunas.minsal.cl o en la página https://web.minsal.cl/vacunacion-contra-el-virus-del-papiloma-humano/

¿Cómo pesquisar el cáncer cervicouterino (CACU)?

El CACU es afortunado de tener el examen de papanicolaou, más comúnmente conocido como PAP, que es de fácil acceso y simple para realizar su detección precoz, ya que está disponible en todos los establecimientos de atención primaria, en la mayoría de los países del mundo.

El cérvix es visible fácilmente con un espéculo y se toma una muestra de células descamadas de la parte externa y otra muestra del endocérvix o canal cervical, ambas muestras se colocan en un portaobjeto y se fijan con laca. Esta muestra va con un formulario con los antecedentes de la mujer al laboratorio, donde se analiza y luego informa el resultado. Este proceso generalmente se demora entre 15 días y un mes.

El PAP está dirigido a la población de mayor riesgo de padecer CACU, que es la población de 25 a 64 años y en Chile se realiza cada 3 años, ya que los estudios no han demostrado impactar en una disminución al realizarlo con mayor frecuencia, excepto en población que ha tenido una lesión pre cancerígena o un CACU, en la cual se recomienda anualmente.

El PAP solo pesquisa a población sospechosa de CACU, no hace diagnóstico.

¿Cómo se realiza el diagnóstico de CACU?

Cuando un PAP sale alterado se deriva a especialistas, quienes realizarán el diagnóstico a través de exámenes como: Colposcopia o biopsias, en los cuales se pueden apreciar el tipo de células y el grado de la lesión.

Tratamientos del CACU

Una vez definido el diagnóstico y el grado de la lesión se define el plan de tratamiento, el cual puede ir desde aplicar tratamiento local, extirpación de la zona comprometida a través de un cono Leep, histerectomía, radioterapia, quimioterapia.

Es responsabilidad de la mujer, del equipo de salud y campañas que promuevan la realización del examen de PAP en la población de mayor riesgo, para lograr coberturas cercanas al 80%, que protejan a la población y logren impactar para disminuir el número de mujeres que mueren por CACU, ya que es una enfermedad prevenible si se pesquisa oportunamente.

En Chile las coberturas están alrededor del 50%, es decir aún falta mucho por hacer, ya que, de 100 mujeres de 25 a 64 años, solo 50 se han realizado un PAP en los últimos 3 años.

CAPITULO 9

Infecciones de transmisión sexual (ITS)

Los contenidos de este capítulo están basados principalmente en la Norma de Profilaxis, Diagnóstico y tratamiento de las Infecciones de Transmisión Sexual (ITS) año 2016 del Ministerio de Salud de Chile e informe de ITS de la Organización panamericana de la salud del año 2019.

¿Qué son las ITS?

Las ITS son infecciones que se transmiten por contacto sexual, ya sea vaginal, anal o bucal. Requieren del contacto íntimo entre dos personas, además se puede transmitir vía sanguínea por transfusiones de sangre o por compartir agujas en el caso de personas que usan drogas y comparten jeringas, también se pueden transmitir durante el embarazo o el parto de la madre al feto.

Las ITS pueden ser causadas por diferentes tipos de microbios, entre ellos tenemos: bacterias, virus, hongos, parásitos y protozoos.

El problema es que la mayoría de estas infecciones no dan síntomas, por lo cual las personas no consultan y van transmitiendo la infección sin darse cuenta, afectan a todos los estratos sociales, son más frecuentes en personas jóvenes entre 15 y 49 años.

Las ITS pueden tener consecuencias para la sociedad, sistemas de salud y en la persona afectada

Para la sociedad es una carga debido a la discapacidad que pueden producir en las personas afectadas, el costo de los tratamientos y sobrecarga de los sistemas de salud.

Para las personas pueden producir consecuencias graves, entre ellas ser causa de muerte fetal, partos prematuros, malformaciones congénitas, cáncer del cuello uterino, infertilidad, enfermedades neurológicas y cardiovasculares, entre otras, además de las consecuencias psicológicas que tienen en la vida personal y familiar.

Entre las ITS más frecuentes tenemos 8, entre las que hay infecciones que se pueden tratar una vez diagnosticadas y la persona quedará libre de infección, entre ellas está la sífilis, gonorrea, clamidias y tricomonas. En las infecciones virales se puede realizar tratamiento para controlar la infección, pero la persona siempre será portadora del virus, entre ellos están el virus del VIH o inmunodeficiencia humana, virus de la hepatitis B, virus herpes simple y el virus del papiloma humano.

¿Cuáles son los factores de riesgo para contraer una ITS?

Hay personas que están más expuestas que otras a contraer una ITS, a esto le llamamos factores de riesgo.

- En primer lugar, tener relaciones sexuales, ya sean anales, vaginales u orales (por boca) sin usar condón.
- Tener relaciones con personas desconocidas o con múltiples parejas de las que se desconoce su condición en relación a las ITS.
- Prácticas sexuales de mayor riesgo, ejemplo la penetración anal es de mayor riesgo para contraer el VIH, ya que puede haber ruptura de pequeños vasos sanguíneos.
- Compartir juguetes sexuales.
- El sexo oral con personas infectadas puede transmitir infecciones tales como: Virus herpes, condilomas o verrugas, gonorrea, sífilis, clamidias.
- Tener una ITS o haber tenido una ITS.
- Uso de drogas endovenosas o agujas contaminadas.

¿Cuáles son las principales ITS?

La organización mundial de la salud (OMS), la organización panamericana de la salud (OPS) y organismos nacionales reconocen que las ITS son una epidemia y han elaborado un plan al año 2030 para su control, por las consecuencias que estas infecciones provocan en la población.

A continuación, hablaremos de las principales ITS:

Condilomas

Son la ITS más frecuente y es causada por un virus papiloma (VPH) de los cuales hay más de 100 tipos diferentes. No siempre genera manifestaciones visibles. Una vez que la persona ha tenido el contacto pueden pasar 1 a 2 meses para que este virus se desarrolle en el cuerpo. Generalmente se ubica en región genital y anal en ambos sexos, en forma de verrugas que varían de tamaño. También se puede contagiar boca, faringe y tracto respiratorio en caso de sexo oral o en el parto. Cuando la infección es producida por los VPH 16, 18 y otros pueden producir cáncer cérvico uterino, de vulva, vagina o de pene.

Existen vacunas para prevenir la infección por los virus más peligrosos.

Existe el Papanicolaou que permite la pesquisa precoz del cáncer cervicouterino y tratar la lesión, pero la infección por el virus permanecerá toda la vida.

Sífilis

Es una ITS producida por una bacteria llamada Treponema Pallidum. El 90% de los casos se contagia a través de relaciones sexuales, pero también se puede contraer con sexo oral, al compartir jeringas, por transfusiones sanguíneas y de la madre al feto en el embarazo y/o el parto.

Es una infección relativamente silenciosa que da pocos síntomas, los que pueden aparecer entre 10 a 90 días después del contagio, el promedio es de 21 días. El primer síntoma es una lesión indolora, llamada chancro sifilítico, de forma redondeada, húmeda, bordes indurados que desaparece sola después de algunos días o semanas. Entre los 2 a 5 años puede presentar síntomas inespecíficos como de resfrío o alergia y entre los 5 y 20 años si no ha sido pesquisada puede presentar problemas como afecciones a la piel, mucosas, huesos, cardiopatías, problemas neurológicos y hasta la muerte.

Esta enfermedad se pesquisa fácilmente a través de un examen de sangre VDRL o RPR, que en general se incluye en los exámenes de rutina para embarazadas y examen preventivo de los adultos.

La sífilis en el embarazo puede producir aborto espontáneo, malformaciones congénitas, partos prematuros y sífilis congénita en el recién nacido. Por ello es importante el inicio precoz del control de embarazo en el cual se solicita este examen y si es positivo se inicia de inmediato el tratamiento para evitar que se contagie el feto.

Es una enfermedad que tiene tratamiento con antibióticos y requiere seguimiento hasta ser dada de alta. Se realiza seguimiento de la pareja y posibles contactos.

Gonorrea

Es una ITS producida por una bacteria llamada Neisseria gonorrhoeae.

Los síntomas pueden presentarse de 2 a 7 días después del contagio y en algunos casos pueden tardar hasta 21 días. Los síntomas son más evidentes en los hombres, los que pueden presentar pérdida de fluido como pus por el pene con mucho dolor para orinar y necesidad de orinar frecuentemente.

En la mujer los síntomas son más inespecíficos y pueden presentar flujo vaginal amarillento, dolor abdominal, dolor al orinar, fiebre.

Si la gonorrea es rectal puede presentar malestar en el ano, heces con sangre y mucosidad.

Si la gonorrea es bucal puede presentar dificultad para tragar y dolor.

En caso de madre que infecta al feto en el parto puede presentar infección en los ojos (conjuntivitis).

Si la infección no se trata puede producir infertilidad.

El diagnóstico se realiza a través de un examen de cultivo de secreción del órgano afectado y el tratamiento es con antibióticos.

Herpes genital

Esta ITS es producida por el herpes simple, el cual se incuba y en un tiempo de 3 a 14 días pueden aparecer los síntomas. No tiene cura definitiva y la persona será portadora del virus toda su vida. Síntomas en mujeres: Aparición de vesículas dolorosas en zona ano-genital, similares a una quemadura. En el hombre puede haber edema en genitales, molestias al orinar y aparición de vesículas dolorosas en la zona. Las lesiones duran 2 a 3 semanas y se curan espontáneamente sin dejar cicatriz y son altamente contagiosas. Generalmente reaparecen en periodos de estrés o al comer alimentos muy calóricos como chocolates u otros.

En el tratamiento se usan antivirales y cuidado personal.

Tricomonas

Esta ITS es causada por un protozoo llamado Trichomona vaginalis que infecta vagina, cuello uterino o cervix y vías urinarias.

Entre los síntomas más característicos esta la producción de una secreción vaginal verde amarillenta, dolor e irritación y/o picazón en la vulva o genitales externos, dolor en las relaciones sexuales y al orinar. Los hombres generalmente son asintomáticos.

El diagnóstico puede ser con un examen ginecológico realizado con un espéculo y al observar la vagina y el cuello uterino se aprecia el flujo vaginal característico y un punteado en cuello y vagina con aspecto de frutilla.

Las tricomonas son frágiles al cambio de temperatura, se pueden pesquisar a través de un examen de flujo vaginal, el que debe llegar al laboratorio idealmente antes de 2 horas, ya que se ven al microscopio y las bacterias deben estar vivas para poder visualizarse.

Otra forma de pesquisar esta infección es a través del PAP.

Estas bacterias son dañinas para la salud del cuello uterino y según una tecnóloga médica del Hospital Regional de Concepción, también podrían producir cáncer, por lo cual su pesquisa y tratamiento son muy importantes.

El tratamiento de las trichomonas siempre debe ser a la pareja, es decir a ambos y se realiza con antibióticos orales para ambos y además óvulos vaginales de metronidazol.

Virus de la inmunodeficiencia Humana (VIH)

El VIH es un virus que afecta el sistema inmunológico del organismo (Linfocitos T), lo cual provoca disminución de la capacidad de defenderse de infecciones comunes.

Esta infección es viral, una vez contraído el virus se requiere entre uno a tres meses para pesquisar esta infección a través de un examen de sangre. Hoy la pesquisa se puede realizar a través de test rápidos con una gota de sangre y si sale positivo se confirma con un test sanguíneo.

Entre los síntomas iniciales la persona puede presentar una enfermedad parecida a la gripe con molestias tales como: Fiebre, dolor de cabeza, malestar general, vómito y/o diarrea, los que desaparecen espontáneamente entre una semana a un mes y se pueden confundir con síntomas de otras afecciones virales. Muchas personas son asintomáticas.

Si la enfermedad no se pesquisa y trata en el transcurso de unos 10 años puede llegar a la etapa terminal que es el SIDA (Síndrome de inmunodeficiencia adquirida), la que se caracteriza por un deterioro generalizado, con un sistema inmunológico deprimido.

La causa más frecuente de muerte en infectados que cursan con SIDA es la neumonía por un tipo de hongo llamado Pneumocystis jiroveci, aunque también es elevada la incidencia de ciertos tipos de cáncer como los linfomas y el sarcoma de Kaposi es un cáncer que afecta piel y mucosas. También son características las complicaciones neurológicas, la pérdida de peso, las diarreas y el deterioro físico del paciente.

Hoy se ha avanzado mucho en el tratamiento de esta enfermedad con medicamentos que tratan de impedir la reproducción del virus en el cuerpo, manteniéndolo en niveles bajos, de esta forma las personas infectadas pueden desarrollar una vida normal, tomando las precauciones recomendadas por el equipo tratante.

Es importante la pesquisa precoz y tratamiento oportuno para evitar el deterioro de la persona, mejorar su sobrevida y su calidad de vida, como también que tome conciencia de su responsabilidad en evitar el contagio a otras personas con las cuales tenga actividad sexual.

Clamidia

Es una infección producida por una bacteria llamada Chlamydia Trachomatis, es la ITS más frecuente a nivel mundial. La OMS estima que en el 2012 se produjeron 131 millones de casos nuevos por esta bacteria en población de 15 a 49 años. Se contagia por las relaciones sexuales, vaginales, anales u orales sin protección, con alguien que tenga esa infección, también se puede transmitir de la madre al hijo en el parto. También se transmite por el contacto de piel con piel, o de mucosas con semen infectado o fluido vaginal infectado.

El periodo de incubación es de 7 a 21 días.

Produce síntomas similares a la gonorrea, el hombre puede presentar secreción uretral escasa por el pene, como mucosidad transparente o de color clara, puede haber dolor al orinar. En la mujer produce infección del cuello uterino (cervicitis), y este produce secreción mucosa con pus y sangra con facilidad.

Es una infección que no produce síntoma en aproximadamente la mitad de los hombres que se contagian y entre 60 a 75% de las mujeres, lo cual dificulta el diagnóstico y tratamiento.

Su diagnóstico se realiza a través de un examen de secreción vaginal, del cuello uterino o de la uretra. generalmente se asocia con otras ITS, como la gonorrea. Se realiza seguimiento para pesquisar las personas que fueron los contactos sexuales declarados por la o el paciente.

El tratamiento es con antibióticos a la persona infectada y a sus contactos sexuales.

Virus de Hepatitis B (VHB)

Es una infección viral producida por el virus hepatitis B, el que causa inflamación y daño del hígado, lo que puede producir un alto riesgo de cirrosis hepática, cáncer hepático, insuficiencia renal y muerte.

El periodo de incubación de VHB es de 30 a 180 días.

El 50% de los infectados pueden presentar alguno de los siguientes síntomas: fatiga, falta de apetito, dolor de estómago, fiebre, náuseas, vómitos, orina más oscura, dolores en las articulaciones, color amarillento de la piel (ictericia).

Se pesquisa a través de un examen de sangre y se puede sospechar si el paciente tiene sintomatología abdominal, hay exámenes hepáticos o ecografía alterados.

El VHB se contrae por contacto sexual de semen, sango fluidos corporales infectados con una persona no infectada o de la embarazada al feto.

En Chile se ha incorporado la pesquisa de este virus en todas las embarazadas y se vacunan todos los recién nacidos.

En la etapa aguda de la infección se debe mantener reposo y en la infección crónica se pueden usar antivirales, o llegar hasta el trasplante de hígado si está muy dañado.

Prevención del VHB

Vacuna contra el virus hepatitis B.

Evite compartir objetos personales como navajas de afeitar, cepillo de dientes, agujas o jeringas.

Si se realiza tatuajes o perforaciones en el cuerpo, verifique que sea un lugar autorizado y usen material estéril.

Practica de sexo seguro, usando siempre condón correctamente.

¿Cómo prevenir las ITS?

La forma más segura es la abstinencia sexual y si ésta no es posible, tener actividad sexual considerando las siguientes medidas:

- En lo posible pareja única
- Si es una pareja nueva, idealmente ambos podrían realizarse un examen de ITS, a lo menos VIH y VDRL.
- Usar preservativos para los diferentes tipos de relaciones sexuales: vaginales, rectales, orofaríngeas.
- Vacuna VPH
- Realizarse exámenes preventivos anuales.

Si tiene sospecha de tener una ITS, consulte médico o matrona, así recibirá información, diagnóstico y tratamiento si corresponde y evitará seguir contagiando a otras personas.

Cuando se informa un diagnóstico de ITS, generalmente se producen emociones fuertes de rabia, enojo, incredulidad, lo que a veces conlleva a crisis de relaciones de parejas que parecían estables, pero se escondía alguna infidelidad reciente o pasada. En algunos casos viene a ser la gota que faltaba para una ruptura definitiva y en otros se acepta como parte de la vida.

Reflexión final

Cualquier diagnóstico de problemas o enfermedades que nos informen, ya sea un cáncer, diabetes, hipertensión u otros, tendrá un impacto en nuestras vidas desde la negación a la aceptación y posteriormente hacernos cargo y decidir cuidarnos.

Espero que la información de este libro les ayude a prevenir problemas y enfermedades, conociendo sus riesgos y haciéndose cargo de ellos.

El tema del **AUTOCUIDADO** es el que más me apasiona, así que probablemente más adelante continuaremos hablando de esto.

Agradecimientos

Agradezco a mis hijas Paula y Fabiola que me han ayudado con el diseño, lectura, correcciones y puntos de vistas, para escribir y publicar este libro; así que gracias hijas por facilitarme la tarea y estar siempre disponibles para apoyarme. También gracias a mi esposo Leonardo, por su comprensión y apoyo.

Gracias a todos quienes me han apoyado y motivado con esta iniciativa

Gracias a DIOS que me guía y fortalece día a día.

Concepción, abril 2022

Made in the USA
Columbia, SC
30 April 2023

15822860R00076